Administración en una página

Diseño de tapa:
LUCAS FRONTERA SCHÄLLIBAUM

RIAZ KHADEM
LINDA J. KHADEM
ROBERT LORBER

Administración en una página

Cómo alinearse para el éxito
con una página de información significativa

GRANICA

ARGENTINA - ESPAÑA - MÉXICO - CHILE - URUGUAY

ARGENTINA
Ediciones Granica S.A.
Lavalle 1634 3° G / C1048AAN Buenos Aires, Argentina
granica.ar@granicaeditor.com
atencionaempresas@granicaeditor.com
Tel.: +54 (11) 4374-1456. 🅢 1158549690

MÉXICO
Ediciones Granica México S.A. de C.V.
Calle Industria N° 82 - Colonia Nextengo - Delegación Azcapotzalco
Ciudad de México - C.P. 02070 México
granica.mx@granicaeditor.com
Tel.: +52 (55) 5360-1010. 🅢 5537315932

CHILE
granica.cl@granicaeditor.com
Tel.: +56 2 8107455

ESPAÑA
granica.es@granicaeditor.com
Tel.: +34 (93) 635 4120

www.granicaeditor.com

Khadem, Riaz
    Administración en una página : cómo alinearse para el
éxito con una página de información significativa / Riaz
Khadem ; Linda Khadem ; Robert Lorber. - 1a ed. - Ciudad
Autónoma de Buenos Aires : Granica, 2020.
    204 p. ; 22 x 15 cm. - (Management / Ernesto Gore)

    ISBN 978-987-8358-16-1

    1. Administración de Empresas. I. Khadem, Linda II.
Lorber, Robert III. Título
    CDD 658

Índice

Prólogo

Gracias a la dedicación y la integración de un estupendo grupo de personas, la lealtad de nuestros clientes y mucho trabajo, FEMSA ha logrado crecer a 19,400 millones de dólares en ingresos con más de 265,000 colaboradores. Es la empresa de bebidas más grande de Latinoamérica, el minorista más rentable y de mayor crecimiento en Latinoamérica, y la embotelladora más grande de Coca-Cola a nivel mundial. Tuve la fortuna de dirigir esta empresa como CEO desde 1995 hasta 2014 y actualmente la sirvo como Presidente del Consejo de Administración.

Cuando me invitaron a dar una conferencia acerca de liderazgo en la Escuela de Negocios de Stanford hace algunos años, me preguntaron sobre mi enfoque hacia el liderazgo. Dos cosas me han ayudado mucho.

Lo primero fue una lección que aprendí de mi suegro en los inicios de mi carrera. Él insistía en que la clave del éxito de nuestro negocio era controlar nuestra agenda comercial respecto a los productos que estábamos vendiendo en México. Me ayudó a comprender que un líder debe entender y controlar los factores clave de operación de cualquier proyecto o iniciativa.

Lo segundo, está relacionado con los conceptos presentados en este libro que está leyendo. Cuando me convertí en CEO de FEMSA, un logro muy importante fue aprender cómo respetar las decisiones de mi equipo. Tenía que controlarme para no imponer mis decisiones. Si quiere que alguien que le reporta sea responsable de lo que hace, puede aconsejarlo, puede hacerle preguntas, puede sugerirle o insinuarle, pero a final de cuentas, debe dejarlo decidir. Obviamente, él sabe que si falla, se le podrá culpar y será responsable. Pero, si uno impone cualquier decisión, en primer lugar, está protegiéndolo y segundo, uno termina siendo responsable de lo que va a suceder.

Estrechamente relacionado a este aspecto de liderazgo, aquí hay algunos conceptos que me han ayudado como CEO de FEMSA en diferentes etapas:

- Promover el trabajo en equipo
- Enfocarse a estar orientado a las personas
- Análisis estratégico y profundo de situaciones y contextos
- Enfocarse en el crecimiento a largo plazo
- Cautela financiera

Estas y muchas otras ideas son desarrolladas en *Logrando la alineación total*. Tuve la fortuna de leer el primer libro de Riaz Khadem, *Administración en una página*, cuando recién fui nombrado CEO de FEMSA. La empresa de Riaz había estado implementando los conceptos de este primer libro en Bancomer, el segundo banco más grande de México. Después de leer el libro, estaba deseoso de contactarme con él. Nos reunimos en mi oficina.

El proceso de alineación y transformación dentro de FEMSA comenzó con una sesión de mi equipo ejecutivo fuera de nuestras oficinas. Todos volamos a Houston, Texas. Con la ayuda de Riaz, revisamos nuestra misión, visión y valores.

Todos estábamos cautivados al visualizar lo que FEMSA podría llegar a ser en un futuro cercano, y fuimos impulsados al proceso de analizar cómo alcanzar dicha visión agregando más valor a la organización.

Ahora hemos superado por mucho la visión que creamos con él: se generaron siete veces más empleos; la ganancia se multiplicó por 21; el EBITDA se incrementó 16 veces; nuestro valor de mercado en USD aumentó 14 veces al comparar los números de 1996 a 2016.

Contactar a Riaz para que nos ayudara a implementar los conceptos de este libro en FEMSA fue fundamental para nuestro crecimiento. Necesitábamos un lenguaje unificado para poder entender y medir nuestro progreso, y llegar a un acuerdo en cuanto a los Factores Críticos de Éxito para todos y cada uno de los miembros del equipo. Riaz ayudó enormemente para lograr esto. Introdujo el proceso de usar sus metodologías y soluciones para transformar la forma en que operábamos al obligarnos a trabajar como equipo.

Nuestra implementación de *Logrando la alineación total* (conocida como TOPS en ese momento) tomó algo de tiempo porque en un principio tuvimos que convencer al equipo; pero ahora todos estamos de acuerdo en que funcionó extremadamente bien y que nos ayudó a unificar y alinear los objetivos esenciales de la empresa, impactando de manera positiva la productividad, el trabajo en equipo, la flexibilidad y la comunicación. Muchos de los conceptos de este libro, incluidos la revisión vertical y los factores críticos de éxito, ahora forman parte de nuestra cultura.

Aquí hay algunas ideas para emprendedores que sueñan con convertir sus proyectos en una empresa grande: primero, sepan que su pequeña empresa puede volverse grande. Las grandes empresas a menudo ignoran a las pequeñas, argumentando que se requiere el mismo esfuerzo para administrar una empresa pequeña que una grande. Yo digo que una empresa pequeña puede convertirse en una empresa grande con pasión y al organizarse con un gran equipo. Hicimos esto con OXXO y crecimos de 350 a 15.000 tiendas. A veces, incluso es mejor y más fácil convertir una empresa pequeña en grande y crear valor. Segundo, lo que deben hacer primero, y perdonen mi insistencia, es formar un gran equipo. Y para mantener y desarrollar un gran equipo necesitan disciplina, transparencia y comunicación. Todo esto se puede lograr con *Logrando la alineación total*.

Lea este libro de principio a fin. Cambiará de manera positiva su forma de pensar sobre la gestión de cualquier tipo de empresa, proyecto u organización. La riqueza del conocimiento y la experiencia refuerzan mi ya elevada confianza de que las empresas con equipos excelentes y totalmente alineados pueden contribuir al bienestar de la comunidad mundial, pueden generar mucho valor y llegar a ser realmente formidables.

José Antonio Fernández Carbajal
(Presidente del Consejo de Administración, FEMSA)

Nota:

Este prólogo fue escrito para el libro *Logrando la alineación total*, la secuela de *Administración en una página*. Lo incluimos aquí porque fue *Administración en una página* lo que el Sr. Fernández leyó cuando fue nombrado CEO de FEMSA y fueron los conceptos en este libro los que decidió implementar.

Introducción

Más no siempre es mejor. Este es el principio que se aplica a todas las facetas de la vida y este libro muestra cómo aplicarlo a la información. Conforme se vuelven más complejas nuestras vidas en el hogar y el trabajo, tendemos a absorber más y más información, sin percatarnos de que ello en realidad disminuye nuestra efectividad y merma nuestro enfoque. *Administración en una página* se ha escrito para ilustrar cómo una página de buena información es lo que puede ayudar a cualquiera a labrar el camino del éxito en la vida.

Hemos escrito este libro como una novela de negocios para que sea disfrutable para el lector, al tiempo que facilita el aprendizaje de conceptos importantes. Los personajes son similares a los que hemos encontrado en nuestra práctica de consultoría a lo largo de muchos años, en una variedad de industrias y en diferentes países. Si bien la compañía XCorp en esta historia es ficticia, los problemas que se presentan son muy reales y representan los que hemos encontrado a menudo en nuestro trabajo.

En *Administración en una página* presentamos una estructura de informes que permite a los gerentes de todo tipo de organizaciones y a cualquier nivel gerencial tener acceso a la información que necesitan en tan solo tres informes de una página. Así, los gerentes reducirán la sobrecarga de información, enfocándose en los datos clave que marquen una diferencia en sus trabajos. El prerrequisito para tal agudeza de enfoque es la definición de factores medibles de éxito definidos de forma singular por cada persona.

Este libro es precursor de *Logrando la alineación total,* un libro que se basa en *Administración en una página* y provee los conceptos y la metodología para alinear a toda la organización con la visión y la estrategia. Juntos, los dos libros proporcionan un instrumento integral para la gestión y el liderazgo efectivos.

Administración en una página ha ganado relevancia con el paso del tiempo y está destinado a desempeñar un papel clave ahora y en el futuro. Esperamos que disfrute su lectura y que encuentre valor en este sistema único.

Parte I

INFORMACIÓN

## CAPÍTULO 1

El reto de la información

XCorp, una gran corporación estadounidense, se encontraba en problemas. La compañía había perdido significativas sumas de dinero en los seis trimestres anteriores. Las ventas estaban en descenso, los inventarios se apilaban y sus plantas estaban cerrando. Los principales competidores de XCorp se estaban fortaleciendo. Ya era hora de cambiar.

La Junta Directiva de XCorp se reunió la mañana de un viernes y seleccionó a Brian Scott como nuevo presidente y director general. Brian tenía una trayectoria reconocida asumiendo el control de compañías en dificultades y llevándolas a una situación de solidez y ganancias. Conocía la importancia de llegar al corazón del problema y posteriormente implementar soluciones efectivas. Era dinámico, decidido, positivo y valiente. La junta confiaba en que Brian era el hombre que necesitaban.

Brian pidió que le fueran concedidos dos años de autonomía para poder implementar los cambios. La junta aceptó su condición. El reto comenzaba.

Una bella y soleada mañana de lunes Brian Scott sacó su automóvil del garaje y se despidió de su familia. Mientras conducía adentrándose en el tráfico de la mañana, sentía emoción ante la perspectiva del día que tenía por delante.

Brian sabía que necesitaría una estrategia creativa para enfrentar los retos de su nueva posición. A medida que se acercaba al imponente edificio de XCorp en su primer día como director general, una idea seguía viniendo a su cabeza.

> ### *Si no sabes lo que está mal,*
> ### *no puedes arreglarlo*

Brian había estudiado los estados financieros de XCorp y era consciente del pésimo desempeño de la compañía. Sospechaba que había varios factores que habían contribuido a llevar a XCorp a la actual crisis. Para descubrir la verdadera historia detrás de los números, decidió comenzar por reunirse con el director financiero corporativo y escuchar su punto de vista.

Al llegar a su oficina, Brian fue recibido cálidamente por su asistente, Joanne Evans. Joanne llevaba varios años trabajando para XCorp. Luego de conversar por unos momentos, Brian pidió a Joanne que llamara al director financiero, Joe Rayner.

Unos minutos después, un caballero de cabello gris de alrededor de sesenta años entraba a la oficina de Brian.

Brian saludó a Joe y los dos se sentaron.

—¿Por qué crees que XCorp está en problemas? —preguntó Brian.

—Yo culpo de nuestro desempeño tan deslucido a su antecesor —replicó Joe—. Él buscó expandirse demasiado rápido, diversificando en demasiadas áreas. Esto nos obligó a ir a la bolsa para aumentar el capital en un momento en que el costo del dinero era alto y la capacidad de crédito de la compañía se estaba deteriorando.

—Me parece que el elevado costo de la financiación, junto con la falta de pericia en las nuevas áreas en que nos estábamos moviendo, nos llevaron a una situación en la que no resultábamos competitivos para satisfacer las necesidades de los clientes —prosiguió Joe.

La evaluación del director financiero se acercaba a la propia de Brian. Sin embargo, Brian no se sentía cómodo con el hecho de que el director financiero de la corporación estuviera culpando de los problemas a una persona que no estaba allí presente para defender sus decisiones. Le agradeció al director financiero sus opiniones y lo acompañó a la salida de su oficina.

La evaluación de Joe podría haber sido correcta y Brian sabía con certeza por dónde comenzar a manejar este tipo de situaciones. Enfocaría su atención sobre los asuntos financieros, estratégicos y funcionales. Comenzaría por centrarse en la rentabilidad por producto/línea de servicio, eliminando aquellas líneas que probablemente no contribuirían al balance general de la compañía. Pero quería entender por qué XCorp se había extendido hacia tantas nuevas áreas y por qué tantos productos no tenían éxito.

Brian pidió a Joanne que se comunicara con el vicepresidente de producción y le pidiera que viniera a su oficina tan pronto como fuera posible. Diez minutos después, Tom Brown, un hombre con algo de sobrepeso ya a finales de los cuarenta, se encontraba en el área de recepción esperando para entrar a la oficina de Brian. Había sido una de las personas clave en el antiguo equipo de gerencia y era cercano al antecesor de Brian.

Tom Brown sabía que a muchos productos de XCorp no les estaba yendo muy bien en el mercado. También sabía que la gente culpaba a su área. Se sentía nervioso y aprensivo a medida que entraba a la oficina de Brian y se encontraba con el nuevo director general. Se sentó en silencio esperando que Brian iniciara la conversación.

—Dime —preguntó Brian—, ¿cuál es el verdadero problema aquí en XCorp?

A Tom le costaba trabajo responder a la pregunta.

—Heredé muchos problemas cuando asumí el cargo de vicepresidente de producción. Desde entonces nuestra situación ha mejorado muchísimo. El verdadero problema está en el departamento de ventas. Nuestras ventas están mal y son erráticas, lo cual hace que debamos ajustar nuestro cronograma de producción con muy poca antelación. La gente de ventas promete fechas de entrega imposibles con el fin de conseguir los pedidos y nos pasan hasta el último minuto toda la información que necesitamos para programar la producción. Con la situación actual es imposible realizar una planeación significativa para la producción, y con una deficiente planeación de la producción no podemos mantener las máquinas ocupadas totalmente, de modo que tenemos demasiado tiempo muerto.

Brian escuchaba lo que Tom Brown le decía, pero no podía entender por qué los departamentos de producción y ventas no estaban trabajando más de cerca. Le agradeció a Tom su ayuda mientras lo acompañaba hacia la puerta, y luego le pidió a Joanne que llamara al vicepresidente de ventas.

Peter Clark no era exactamente lo que Brian había esperado. Era joven, enérgico y positivo. En contraste con la actitud nerviosa y defensiva de Tom, Peter estaba rebosante de entusiasmo.

—¿Por qué crees que XCorp está en problemas? —preguntó Brian.

—Yo creo que nuestros principales problemas son la deficiente calidad de nuestros productos y la demora en el envío de los mismos a nuestros clientes. Muchos de ellos esperan entregas justo a tiempo para poder controlar sus inventarios y les hemos fallado en varias ocasiones. Hemos perdido muchos clientes por estas dos razones. Como sabes, mi departamento es el contacto entre el cliente y la compañía, de modo que nosotros recibimos las quejas cuando el cliente se enoja. Veo demasiadas cajas de productos defectuosos que nos son devueltas por nuestros clientes. A veces las devoluciones son entregas que el cliente recibió con más de diez días de demora sobre la fecha de entrega prometida. Los clientes no tienen reservas para mostrar su insatisfacción. Quizás hayas visto sus quejas.

Las observaciones de Peter hicieron que Brian se diera cuenta del alcance de las dificultades por las que atravesaba XCorp. Tenía muchas más preguntas que hacerle a Peter, pero decidió reservarlas para otro momento. Le agradeció por su informe.

Brian se daba cuenta de que necesitaba más detalles y una información más confiable para poder comprender mejor el alcance de los problemas y analizar sus causas. Le pidió a Joanne que entrara a su oficina.

—Durante una semana —le dijo— quisiera ver cada uno de los documentos dirigidos a mí que pasen por tu escritorio.

—Por supuesto, y aquí está una lista de personas que han pedido verlo esta mañana, incluyendo a Joanne Peterson, la vicepresidenta de mercadeo; Sandra King, la vicepresidenta de comunicaciones; y Tina Murphy, nuestra asesora legal.

—Gracias, pero a menos que sea urgente, prefiero verme con estas personas la semana próxima. No quiero pasar horas y horas en reuniones a menos que estén relacionadas con los asuntos que nos ocupan. Tras una pausa, Brian miró a su asistente y le dijo: Quiero que me ayudes a conocer esta compañía.

Joanne sonrió. —Haré lo mejor que pueda. ¿Cómo puedo ayudar? —preguntó.

—Para comenzar, por favor fija una hora adecuada

para que el director de tecnologías de información (TI) venga a verme.

Joanne salió de la oficina de Brian y regresó pronto cargando una gran pila de correspondencia. La dejó sobre el escritorio de Brian.

—¡Que disfrute la lectura! —dijo, con una sonrisa de compasión.

Una hora más tarde llegó Ken Johnson, el director de TI. Era un hombre delgado, afroamericano, alrededor de cuarenta años, que usaba lentes de marco de alambre.

—Espero que tú seas la persona que pueda ayudarme —dijo Brian—. Necesito información. Me refiero a información sobre nuestros productos, nuestros servicios, nuestros clientes y nuestra cuota de mercado.

Ken era una persona metódica. Había pasado los quince años anteriores trabajando en el área de informática.

—Voy tomar nota de las categorías de información que necesitas y con mucho gusto extraeré los datos que deseas —dijo Ken.

—En primer lugar, quiero conocer el estado financiero de todas nuestras unidades —le indicó Brian—. Por ejemplo, si cada planta está ganando o perdiendo dinero. ¿El último período fue típico para cada planta? ¿Cómo se compara con el mismo período en los últimos años?

Segundo, necesito información específica sobre la eficiencia de nuestra operación y cualquier retroalimentación que hayamos recibido por parte de nuestros clientes acerca de la calidad de nuestros productos.

Tercero, quisiera saber cuál es nuestra participación en ventas y cuota de mercado para cada línea de producto y cómo nuestros productos se comparan con los de nuestros competidores.

Cuarto, me interesa conocer los precios y costos unitarios de nuestros productos, desglosados según sus principales componentes de costo.

Ken anotó cuidadosamente estas solicitudes en una lista. Cuanto más crecía la lista, más seria se volvía la mirada en su rostro. Preguntó a Brian: —¿Estás solicitando toda esta información para cada una de nuestras plantas?

—¡Sí, por supuesto! —exclamó Brian—. Y eso no es todo. También quiero tener la información de dónde se están elaborando nuestros productos. Para cada producto quisiera saber en qué plantas y en qué países se está produciendo, las comparaciones entre el costo total incluyendo envío para cada planta, la receptividad del mercado de nuestros productos, y las proyecciones.

—Veré qué puedo hacer —dijo Ken.

—¿Para cuándo puedes tener listo este informe? —preguntó Brian.

—Bueno —respondió Ken—, tendré que realizar un breve estudio para determinar cuánto tiempo nos tomará. Pero tomará algunas semanas, eso es seguro.

—¡Pero yo quiero esta información esta semana! —exclamó Brian.

—Es imposible armar un informe de esta naturaleza en un par de días. Son preguntas que nunca nadie se había hecho antes. Sencillamente no tenemos instalados los recursos para dar estas respuestas de forma instantánea.

—¿No tienen ya este tipo de información en las poderosas bases de datos que hay instaladas en esta compañía? ¿No tienen informes que pueda revisar?

—¡Informes existen, seguro, y muchos! —dijo Ken—. Pensaba sacar información de varios archivos para hacer un resumen especial. Y eso tomaría tiempo, mucho tiempo.

—Envíame los informes como estén —le indicó Brian impacientemente—. Los revisaré yo mismo.

—Ciertamente puedo hacer eso para mañana. —Ken estrechó su mano y salió de la oficina de Brian.

Brian se dirigió a su escritorio y bloqueó la mañana siguiente en su agenda. Luego caminó hacia el área de su asistente. —Quisiera ver ahora a la directora de recursos humanos.

Diez minutos después Brian abría la puerta para saludar a Gail Locke, una mujer de unos cuarenta años.

Le ofreció una silla y fue directo al grano.

—Los dos sabemos que son las personas las que hacen prosperar o colapsar una organización. Quiero ver a nuestra gente involucrada y motivada. Por lo tanto, necesito llegar a conocerla, y necesito tu ayuda.

Gail Locke estaba complacida. Brian hablaba su lenguaje. Sonrió.

—Antes de hacer algo para introducir cualquier cambio, debo saber qué está pasando —continuó Brian—. Necesito información. Por ejemplo, ¿cuántos empleados hay en cada unidad y planta de esta corporación? ¿Cuál es el salario promedio para cada nivel? ¿Cuándo fue la última vez que cada empleado recibió un aumento, y cuál fue el criterio para otorgarlo? Y lo más importante, ¿quiénes son los empleados más destacados en esta compañía y cómo se les está recompensando por su desempeño? Quiero una respuesta que abarque todo esto.

Gail, un poco confundida, dijo:

—¿Quieres recompensar a las personas cuando la compañía está en problemas?

—¡Sí! —respondió Brian enfáticamente—. Sé que la compañía está perdiendo dinero, pero eso no quiere decir que no tengamos empleados destacados. Quiero conocer a las verdaderas estrellas, no solo a unos pocos que tuvieron la suerte suficiente de darse a notar. Quiero saber quién merece realmente ese crédito.

—¿Quieres que yo te dé toda esa información? —exclamó Gail.

—¿A quién más le puedo preguntar? Sabes más de nuestra gente que cualquier otro, o deberías saberlo.

Gail se encontraba desconcertada. Brian notó su incomodidad y se dio cuenta de que estaba pidiendo demasiado.

—Me conformo con esto: reúne toda la información que puedas conseguir y miramos con qué contamos.

—Está bien —aceptó ella, con duda—. ¿Para cuándo necesitas todo esto?

—Para mañana —dijo Brian.

—Veré qué puedo hacer para mañana por la tarde.

—De acuerdo —dijo Brian mientras abría la puerta de su oficina y se despedía.

Al regresar del almuerzo, Brian encontró una enorme pila de papeles en un extremo de su escritorio. —¿Qué es esto? —le preguntó a Joanne.

—La primera tanda de correspondencia e informes que han llegado a mi escritorio esta tarde —contestó—. Y de acuerdo con sus deseos, estoy poniendo todo sobre su escritorio.

Se sentó y empezó a ojear los documentos. Más o menos a medio camino de la pila, vio algo extraño: la carta más corta que hubiera visto jamás. Decía: "Apreciado Sr. Scott: Yo puedo ayudarle a resolver su problema de información." Y eso era todo. Brian se rió, la tiró a la papelera y continuó con su lectura.

Diez minutos después, Brian escarbaba entre su papelera, buscando la carta para leerla de nuevo.

—¿Cómo pudo este tipo saber que tengo un problema con la información? —se preguntó.

Encontró la carta y la miró de nuevo. Estaba firmada por "El Infoman". La tiró de nuevo a la basura con un suspiro.

—¡Ojalá estuviera firmada por Superman!

Brian pasó el resto de la tarde trabajando en la correspondencia y los informes.

El martes prometía ser un día emocionante para Brian. Llegó a la oficina ansioso por recibir y revisar los informes que había pedido. A las 8 de la mañana en punto, Ken Johnson golpeaba a su puerta trayéndole veinte carpetas de informes, cada una de aproximadamente cinco centímettros de grosor.

—Éstos son los informes financieros de cada planta durante el último trimestre —dijo Ken—. Si deseas los informes desglosados a nivel de cada planta, hay cien informes para revisar. En unos minutos también te traeré los informes operacionales.

Ken salió de la oficina de Brian y regresó con un carrito en donde llevaba montones de gruesos informes. Los ubicó con cuidado en una fila organizada sobre la mesa de conferencias de Brian, y luego se dio la vuelta y salió.

Brian quedó desconcertado al ver los cerros de papel. Había esperado recibir numerosos informes, pero no una cantidad así. Comprendió de inmediato que sería incapaz de encontrarle sentido a toda esa información, aunque se forzara a leer todos los documentos.

—"No puedo abrirme paso por esta enorme cantidad de información en busca de los datos pertinentes que necesito" —pensó al darse cuenta de que su plan de revisar los informes para saber qué estaba pasando no funcionaría. Le tomaría semanas analizar y comprender su contenido.

Echó un vistazo a algunas carpetas antes de darse del todo por vencido. La sobrecarga de información hacía que olvidara las preguntas clave que había formulado el día anterior. Se sentó y respiró profundamente para recuperar el control.

Decidió utilizar la computadora para extraer la información que necesitaba. Llamó a Joanne.

—¿Qué contraseña necesito para entrar a esta computadora?

—No lo sé, señor —respondió ella. Brian llamó a Ken.

—¿Podrías enviar a alguien que me ayude a entrar en nuestra base de datos? Seguramente pueda encontrar la información por medios electrónicos en lugar de revisar todos esos informes que me trajo. Eso me ahorraría mucho tiempo.

—Ya mismo subimos —dijo Ken, a quien le complacía que su nuevo jefe estuviera interesado en usar la tecnología.

Quince minutos más tarde, Ken y un joven entraban a la oficina de Brian. El joven asistente se sentó frente a la computadora y configuró una contraseña para Brian. Le dijo:

—Tienes aquí una computadora excelente. Sumamente rápida y con gran cantidad de memoria. Ya te he dejado listo tu acceso a Internet.

—¿Cómo podría ayudarme esta computadora a conseguir la información que necesito? —preguntó.

—Está ya conectada a una red de información totalmente integrada. Allí puedes ver la misma información que he puesto en la mesa.

—Y tiene una capacidad de detalle que te permite tener acceso a la información específica rápidamente —explicó Ken.

—¿Puedes proveerme la información que pedí antes?

—Para algunos ítems de tu lista tendrías que abrir varias ventanas de información y combinarlas para obtener lo que buscas. Como alternativa, podrías exportar la información desde las ventanas a una hoja de cálculo de Excel y programarla para que produzca los datos que necesitas.

Ken le dio a Brian un manual de usuario y se ofreció a organizarle una capacitación especial para el uso del software.

"Tengo que capacitarme para que en algún momento en el futuro pueda empezar a buscar la información que necesito. Suena como un proceso largo y complejo. No puedo esperar tanto tiempo. Necesito esa información ahora", pensó.

El software integrado que existía en XCorp era ciertamente de gran valor, y tener la información digital y no en papel era mucho mejor que tener todos los informes sobre la mesa, pero ningún medio prometía resolver su problema de información. Bien fuera leyendo la información impresa o en pantalla, aún era demasiado para absorber. Brian hacía un esfuerzo para mantenerse calmado y controlar su frustración creciente.

—Bueno, aquí está mi computadora portátil —dijo Brian—. Por favor configúrala con la red. Luego puedes darme el entrenamiento.

Brian le entregó su portátil a Ken.

—De acuerdo —dijo éste. Salió de la oficina con su asistente, llevando la computadora portátil de Brian.

Enseguida golpearon a la puerta. Era Gail Locke.

—Tengo una parte de la información que estabas buscando, Brian —dijo.

—Por favor, entra y siéntate —dijo Brian—. Dime, ¿qué me traes?

—Bueno, déjame decirte primero que aún no tengo toda la información que me pediste. Puedo decirte el número de empleados que tenemos. No puedo decirte quién está haciendo qué, quién tiene un buen desempeño y quién no. Hay demasiadas personas. Parece que no contamos con una manera de conseguir esa información, aunque tenemos un sistema para la evaluación del desempeño. He reunido toda la información que pude encontrar, según tu solicitud de ayer. Estas cuatro carpetas te proporcionarán las respuestas a algunas de tus preguntas. Por favor, llámame si requieres alguna ayuda adicional.

Gail puso las cuatro carpetas sobre el escritorio y salió de la oficina.

Brian se levantó y empezó a caminar de un lado a otro. Miraba la montaña de informes y carpetas que lo rodeaba, luego se sentó y cerró los ojos. Deseaba encontrar información clave, ¿pero cómo?

Cuando abrió los ojos, vio un organigrama de la corporación XCorp sobre la pared, que su antecesor había hecho enmarcar con ocasión del lanzamiento de una reciente iniciativa para la reorganización. Vio que el director general se encontraba a diez niveles de los supervisores de línea de la compañía.

"A menos que me informe mejor de lo que está pasando en esos diez niveles, ¿cómo podría saber siquiera si esos diez niveles son necesarios?", pensó.

Con un suspiro, regresó a su escritorio a revisar la correspondencia que había recibido ese día. Comenzó a abrirse paso entre los cerros de papel.

De pronto encontró una carta que se parecía a la que había recibido el día anterior. Era notoriamente corta y no tenía dirección de remitente o siquiera un número telefónico. Decía: "Estimado Sr. Scott: No se dé por vencido. Puedo ayudarle a resolver su problema de información". Firmado, "El Infoman".

Brian tenía curiosidad. "Infoman", pensó. Dame un respiro.

¿Cómo puede este tipo saber que tengo un problema de información o que estoy a punto de darme por vencido?

¿Es acaso algún tipo de personaje misterioso? Llamó a su asistente.

—¿Sabes de alguien llamado el Infoman? —le preguntó.

—¿Info qué? —preguntó ella.

—Infoman —dijo Brian.

—Creo que nunca lo he oído nombrar —respondió Joanne, tratando de no reírse.

"Bueno, bueno", pensó Brian. "Los milagros no ocurren todos los días". Volvió a su pila de papeles.

## CAPÍTULO 2

Un sistema de filtrado

Esa tarde sonó el teléfono de la asistente:

—¿Podría hablar con el señor Scott? —preguntó una voz agradable.

—Lo siento, aún no ha regresado de almorzar. ¿Quién le digo que llamó?

—Dígale que el Infoman —respondió la voz al otro lado del teléfono.

Joanne se echó a reír.

—Si esto es una broma, no creo que encuentre al señor Scott de muy buen ánimo en este momento.

—Ya lo sé —dijo el Infoman—. Es por eso que llamo. Estaré en su área el próximo jueves y quisiera pasar a verlo a las 9 de la mañana. ¿Tiene usted la autoridad para fijarme una cita con el señor Scott?

—Sí —dijo Joanne, algo sorprendida por la asertividad de este misterioso personaje.

Revisó la agenda de Brian y vio que la fecha y hora solicitadas estaban disponibles. Así que lo anotó en su calendario.

Qué ganas de que llegue pronto el jueves, pensaba Joanne.

El jueves por la mañana, muy puntual a las 9 de la mañana, un hombre bien vestido entró al área de recepción y se presentó como el Infoman.

—Buenos días, señor Infoman —respondió Joanne con una sonrisa—. El señor Brian lo espera.

El Infoman le devolvió la sonrisa.

—Me alegra estar aquí —dijo. Parecía digno, calmado y seguro de sí mismo. Golpeó a la puerta y entró a la oficina de Brian.

Brian se encontraba sentado tras su escritorio, ocupado con la correspondencia del día, que se había acumulado sobre la pila del día anterior. Se levantó y saludó al Infoman con cautela.

—Cuando recibí tus dos notas, no sabía si serías real o solo algún bromista —dijo Brian.

—Me alegra que hayas mantenido la mente abierta.

Los dos hombres se sentaron.

—De modo que puedes resolver todos mis problemas —comentó Brian con algo de sarcasmo.

—No, pero puedo ayudarte con tu problema de información —respondió el Infoman confiadamente.

—Te escucho.

El Infoman hizo una larga pausa. Vio la pila de informes sobre la mesa de Brian y las montañas de papel sobre su escritorio. Miró a Brian y le dijo:

—Antes de explicarte cómo, quisiera hacerte una pregunta. ¿Cuál te parece que es tu problema de información?

Brian señaló las pilas de informes y papeles en su oficina. —¿Ves todo eso? —preguntó—. Son solo una parte de la información disponible en esta compañía. No tengo el tiempo para revisar estos, mucho menos todos los otros informes que no están aquí.

—¿Sientes que necesitas revisarlos? —preguntó el Infoman.

—Claro que sí —dijo Brian—, por lo menos una vez, para enterarme de cuál es la situación. ¿De qué otra manera puedo averiguar lo que está pasando?

El rostro del Infoman se alumbró. —Me gusta eso —dijo—. Muchos directores generales dependen exclusivamente de sus colaboradores directos para informarse de lo que está pasando.

Hizo una pausa para enfatizar y dijo: —Me alegra que quieras conocer la verdad por ti mismo.

Encuentra la verdad
por ti mismo

Brian se alegró con el elogio del Infoman. Estaba buscando la verdad por sí mismo porque él sabía que hacerse una imagen de lo que estaba pasando con base tan solo en las impresiones de otros le daría una visión de la compañía que podría estar muy alejada de la realidad.

—¿Ahora entiendes mi problema de información? —preguntó Brian.

—Empiezo a entenderlo —dijo el Infoman—. Cuéntame más.

—Bueno, si yo pudiera encontrar la manera de digerir todos estos informes rápidamente para descubrir nuestros verdaderos problemas y oportunidades, estaría satisfecho. Pero sé que no puedo. Simplemente es imposible.

El Infoman escuchaba con atención.

—Creo que tienes un doble problema de información. Tu primer problema es cómo llegar a conocer rápidamente una compañía nueva y grande para poder saber qué está pasando con ella. Luego de resolver este problema, estarás mejor informado, pero la sobrecarga de información no desaparecerá. Tan pronto como empiece a apilarse otro grupo de informes, tu problema reaparecerá. Por lo tanto, el segundo problema de información consiste en mantenerse al tanto de lo que está pasando. Estoy seguro de que tu gente también comparte este reto.

—Tu situación —continuó diciendo el Infoman— trae a mi mente la imagen de una persona ahogándose en un mar de información. Imagina que todo lo que te rodea es información. ¿Cómo podrías salvar tu vida?

—Probablemente trataría de leer tanto como pudiera, tan rápidamente como fuera posible.

—De acuerdo —dijo el Infoman—. ¿Y qué pasaría si cayeras al mar y tomaras el agua?

—¡Me ahogaría, por supuesto! —dijo Brian.

—Entonces, ¿por qué un pez no se ahoga si está nadando en un ambiente potencialmente peligroso para ahogarse? —preguntó el Infoman.

—Porque —continuó— tiene branquias, un sistema de filtrado ya incorporado que le ayuda a tomar del agua solo lo que necesita y dejar de lado lo que no.

—¡Exactamente! —exclamó Brian—. Necesito un sistema que pueda filtrar esta información y darme lo que necesito. ¡Pero eso es imposible!

—Permíteme sugerir que el sistema que estás buscando no solo es posible sino que está disponible. Y yo puedo mostrarte cómo construirlo. Una vez que tengas este sistema en funcionamiento, tendrás disponible toda la información clave que necesitas para la administración en *tres informes de una página*.

—¡Una página! ¡Eso es ridículo! —Brian se burló de la idea—. Simplemente no es posible —continuó—. Tengo todos estos informes que revisar y si algún día llego a lograrlo, probablemente todavía sentiré que no tengo suficiente información de calidad. ¿Cómo puedes afirmar que toda esa información puede reducirse a un solo informe de una página?

—Necesitas *tres* informes de una página —dijo el Infoman—. No solo uno —y abrió una ventana en su portátil.

LOS TRES INFORMES DE UNA PÁGINA

INFORME 1 — INFORME DE ENFOQUE
La información clave acerca de *lo que usted hace*

INFORME 2 — INFORME DE RETROALIMENTACIÓN
Las *buenas noticias* y las *malas noticias* acerca de *lo que usted hace*

INFORME 3 — INFORME DE GESTIÓN
Las *buenas noticias* y las *malas noticias* acerca de *lo que su gente hace*

Mientras Brian observaba la pantalla, el Infoman comenzó a explicarle.

—El primer informe de una página te enfoca en la información clave tuya y de tu trabajo. El informe está hecho a tu medida. Yo lo llamo el *Informe de Enfoque*.

El segundo informe de una página te da retroalimentación sobre tu desempeño resaltando las buenas y malas noticias del primer informe. Yo lo llamo el *Informe de Retroalimentación.*

El tercer informe de una página te da las buenas y malas noticias acerca de lo que tu gente hace. Te ofrece una visión de lo que está pasando debajo de ti a través de las capas de la organización. Yo llamo a este el *Informe de Gestión.*

El Infoman continuó:

—Estos informes resolverán el problema de información de XCorp dándole a los gerentes de cada nivel de la organización la información clave que necesitan.

—¿Cómo se producen estos tres informes? ¿Cómo puede identificarse y capturarse la información que va en ellos? —preguntó Brian.

—Existe una metodología que permite a los gerentes identificar la información que necesitan. Y el software captura la información de fuentes de datos existentes y produce los informes de una página.

—Déjame ver si entiendo lo que estás diciendo —dijo Brian—. Nuestros gerentes especifican la información que necesitan y luego se monta un sistema de filtrado que produce la información.

—En pocas palabras, sí —contestó el Infoman.

—Tenemos ya tantos sistemas montados. ¿No podrían estos sistemas hacer lo que dices?

El Infoman hizo una pausa.

Tan pronto como dijo esto, Brian quiso retirar su pregunta. Recordó la conversación con Ken.

—De acuerdo, quizás no tenemos el sistema exacto que describes. Pero hemos invertido millones en sistemas de software. ¿En qué se diferencia este sistema de filtrado?

—Es diferente porque no estoy hablando solo de un software, sino de un sistema que incluye un software. Dentro de este sistema, existe una metodología que guía al gerente a través de un proceso para analizar su trabajo, identificar cuál es el verdadero valor añadido de su función y determinar qué información clave necesita. Esa definición es registrada en el software. El software sirve como sistema de filtrado y produce informes personalizados con información actualizada. Este informe es enviado a cada gerente automáticamente.

Brian estaba intrigado.

—Puedo regresar y guiarte a través del proceso de definir los informes. Esa definición es clave para cumplir la promesa de la administración en una página.

—Bien —dijo Brian—. Supongo que puedo invertir ese tiempo. ¿Cómo empezamos?

—El mejor lugar para comenzar es definiendo los factores que conformarán tu propio primer informe de una página —respondió el Infoman.

—¿Puedes venir el lunes en la mañana para continuar con esta conversación? —preguntó Brian.

—Seguro —respondió el Infoman—. Que tengas un buen fin de semana, y te veo el lunes.

El camino hacia el éxito

El Infoman llegó a la oficina de Brian temprano el lunes en la mañana. Brian le dio la bienvenida y dijo:

—Bueno, he dejado tiempo disponible para esto, ¿por dónde comenzamos?

—Comencemos con la definición del primer informe de una página, el Informe de Enfoque —dijo el Infoman—. Este informe contiene la información que necesitan los gerentes para ser exitosos. Con el fin de determinar cuál es esta información, los gerentes deben comenzar por definir por sí mismos qué significa para ellos el éxito. El término éxito obviamente significa diferentes cosas para cada persona. Para algunos tener éxito significa tener una gran cantidad de dinero. Para otros puede significar realizar una contribución en su campo. Cada persona tiene su propia idea de éxito y esa es la definición correcta para esa persona.

El Infoman hizo una pausa.

—Para definir cómo va a ser tu Informe de Enfoque, debemos saber cómo entiendes el éxito —dijo.

—Sacando a XCorp de la presente coyuntura y logrando que vuelva a dar ganancias, o sea darle un vuelco drástico —fue la respuesta inmediata.

—Eso está muy bien —dijo el Infoman—. Acabas de definir una importante *área de éxito*, y sé que lo lograrás. Abrió su portátil, creó un nuevo documento y escribió:

DEFINICIÓN DEL ÉXITO PARA BRIAN SCOTT

ÁREA DE ÉXITO: Dar un vuelco a XCorp

—Mucha gente no se da cuenta de la importancia que tiene el ser capaz de reconocer cuándo se tiene éxito, cuándo de hecho se ha llegado al destino.

—Imagina que en un año XCorp ha salido de sus aprietos y ha vuelto a ser rentable —continuó el Infoman—. ¿Cómo te darías cuenta de que ha ocurrido así? ¿Qué cosas mirarías para determinar que has tenido éxito?

—Bueno, pues miraría una serie de factores.

—Anotémoslos. ¿Cuáles consideras que son tus Factores de Éxito? —preguntó el Infoman.

—Miraría mi balance general para ver si estamos teniendo ganancias —replicó Brian— y cómo eso se refleja en el *precio por acción*. Miraría si estamos vendiendo más que nuestros competidores y aumentando nuestra cuota de mercado. Observaría si estamos reduciendo la deuda a partir de nuestros ingresos en lugar de reducirla a partir de nuestros activos para disminuir nuestra *razón de endeudamiento*. Por supuesto, desde mi punto de vista, el éxito para XCorp tocaría también muchas otras áreas, tales como tener una fuerza de trabajo motivada, productiva y unida. —Brian hizo una pausa.

—Veo que tienes grandes planes para XCorp —observó el Infoman—. Para ilustrar el punto, tomemos solo los primeros tres factores.

El Infoman digitó los primeros aspectos que Brian había mencionado. Los marcó como *Factores de Éxito.*

DEFINICIÓN DEL ÉXITO PARA BRIAN SCOTT

ÁREA DE ÉXITO: Dar un vuelco a XCorp

Factores de Éxito
Precio por acción
Cuota de mercado
Razón de endeudamiento

—El siguiente paso es definir metas para estos factores—prosiguió—. Por ejemplo, ¿qué tan rentable necesita ser la compañía para que se considere exitosa?

—La Junta Directiva me ha informado que los accionistas estarán satisfechos con un precio de 35 dólares por acción y una razón de endeudamiento de 0,5. Considerando el grado de competencia y nuestra capacidad de producción, creo que una participación en el mercado del 20 por ciento sería una meta ambiciosa.

El Infoman digitó las metas junto a cada uno de los factores.

DEFINICIÓN DEL ÉXITO PARA BRIAN SCOTT

ÁREA DE ÉXITO: Dar un vuelco a XCorp

Factores de Éxito	Metas
Precio por acción	$35
Cuota de mercado	20%
Razón de endeudamiento	0,5

Brian observó lo que el Infoman había digitado y dijo:

—Esto es solo una lista parcial de factores de éxito. Quisiera completar la lista.

—Cuando hayas completado la lista —dijo el Infoman— habrás definido muchos factores de éxito, quizás demasiados. Para mantenerte enfocado es recomendable que selecciones solo los más importantes y los llames *Factores Críticos de Éxito*.

La pregunta del Infoman, ¿cómo sabrás que has tenido éxito?, intrigaba a Brian. Estaba pensando en otros indicadores de éxito para adicionarlos a la lista.

Cuando pasado un rato levantó la vista, el Infoman sonrió y dijo:

—El siguiente paso tras definir los factores y metas es relacionarlos con la información. Permíteme mostrarte una de las notas que tengo en mi oficina.

> *El camino hacia el éxito*
>
> *se pavimenta*
>
> *con buena información*

—Podrás supervisar el progreso consultando *buena información* —continuó el Infoman—. Al decir buena información, me refiero a una información que sea precisa, oportuna y relevante. Por ejemplo, si tu meta es incrementar el precio por acción, el hecho de que el precio por acción de XCorp fuera de veinte dólares ayer es buena información. El hecho de que la empresa filial vendiera su inventario por diez dólares no tiene importancia. La buena información acerca de tus factores críticos de éxito se conoce como su *estatus*.

—La información que realmente necesitas de todos estos informes que están aquí en tu oficina es la *buena información* de la que estoy hablando. Se trata de la información que te proporciona el estatus actual de tus factores, tales como el precio por acción, la cuota de mercado y la razón de endeudamiento.

—De acuerdo —dijo Brian—. Déjame ver si puedo encontrar el estatus o buena información, como la llamas, sobre mis factores críticos de éxito.

Caminó hacia la mesa de conferencias, tomó algunos informes del montón, extrajo la información que necesitaba y se la dio al Infoman. Él la ingresó bajo el encabezado marcado como Estatus. Al terminar, el cuadro decía lo siguiente:

DEFINICIÓN DEL ÉXITO PARA BRIAN SCOTT

ÁREA DE ÉXITO: Dar un vuelco a XCorp

Factores de Éxito	Estatus	Metas
Precio por acción	$20	$35
Cuota de mercado	10%	20%
Razón de endeudamiento	0,9	0,5

El Infoman dijo: —Puedo ver, por el estado actual de XCorp, la razón por la que te han buscado. Ciertamente, hay un amplio margen de mejora. Lo que acabas de hacer nos ha ayudado a ambos a darnos cuenta de en dónde estás en comparación con tus metas. Transmitió información precisa, relevante y oportuna.

Era mediodía. Decidieron tomar un receso para almorzar. Caminaron un par de cuadras hasta el restaurante favorito de Brian. Mientras disfrutaban su comida, el Infoman notó que Brian estaba pensativo.

—Dime, qué te preocupa —preguntó el Infoman.

—Puedo ver cómo los factores críticos de éxito son definidos por los individuos —dijo Brian—. Pero lo que una persona considera una indicación de éxito podría no concordar con las metas globales de la corporación. ¿No causa eso que el proceso de definición sea más complejo?

El Infoman asintió. —Entiendo tu preocupación. Es una excelente observación. Yo ya lo había contemplado y he desarrollado *cuatro pasos sencillos* para manejar el problema. Con mucho gusto te los explico ahora o cuando regresemos a la oficina.

—Hablemos de eso en la oficina —dijo Brian. Terminaron el almuerzo y caminaron de regreso.

Los cuatro pasos sencillos

De vuelta en la oficina de Brian, el Infoman comenzó a describir los cuatro pasos sencillos: —Primero, identificas cuatro *relaciones* importantes: tu empleador, tu jefe, tus proveedores y tus clientes. En algunos casos, por supuesto, el empleador, el jefe y el cliente pueden ser la misma persona.

—Veamos cómo se aplica esto en mi caso —dijo Brian—. Mi empleador es XCorp. Supongo que mi jefe es la Junta Directiva. ¿A quiénes identificarías como mis proveedores y mis clientes?

—Tus proveedores serían las personas en tu empresa. Tus clientes son los accionistas, que se benefician de tu trabajo. Otra categoría de clientes serían tus colaboradores que te reportan directamente y por supuesto los clientes finales de los productos de XCorp. La razón por la que he identificado estas cuatro categorías es que cada relación podría tener diferentes expectativas.

—El segundo paso es definir las *áreas de éxito* —continuó—. Los individuos definen el éxito desde sus propios puntos de vista, así como desde los puntos de vista de las cuatro categorías que hemos identificado. Aquí hay algunos ejemplos de áreas de éxito para ilustrar mi punto.

ÁREAS DE ÉXITO

Relación	Área de Éxito
Empleador	Contribución para justificar el salario
Jefe	Velocidad y calidad del trabajo
Clientes	Calidad, precio y entrega a tiempo
Proveedores	Especificaciones y retroalimentación

—El tercer paso es definir *factores de éxito* para cada área de éxito desde el punto de vista de las interrelaciones. Tiene que ver con preguntarse: ¿Cómo sabrá mi contraparte en la relación que he sido exitoso? Esto nos llevará a identificar una lista de factores de éxito medibles para cada área de éxito. Cada gerente debería negociar con su jefe para seleccionar los factores de éxito más importantes que abarquen todas sus interrelaciones.

Lo que decía el Infoman era importante para Brian. Él quería que su gente realizara estos pasos para que pudieran enfocarse en los asuntos críticos que le preocupaban, tales como la satisfacción del cliente y la reducción de costos.

—Háblame del cuarto paso —solicitó Brian.

—El cuarto paso es sencillo y sin embargo, lleva su tiempo. Requiere estudiar la información disponible con el fin de determinar cómo conseguir información acerca del estatus actual de los factores críticos que acabamos de definir. Ciertamente, el departamento de informática puede ayudar en este paso. Si no existe información sobre algún factor crítico de éxito, entonces el valor de tener dicha información debe ser analizado con respecto al costo de conseguirla.

El Infoman miró su reloj. Ya era hora de irse.

—Aquí está el resumen de lo que hemos hablado —dijo.

LOS CUATRO PASOS SENCILLOS

Paso 1
Conozca sus *relaciones* importantes
Paso 2
Defina las *áreas de éxito* desde varios puntos de vista
Paso 3
Identifique los *factores críticos de éxito* para las áreas de éxito
Paso 4
Determine la *fuente de los datos* para cada factor crítico de éxito

—Estos pasos determinan la información que se ingresa en los informes de una página —dijo el Infoman—. Te mostraré un ejemplo del primer informe, el Informe de Enfoque, el próximo jueves, si estás disponible.

## CAPÍTULO 5

El Informe de Enfoque

El jueves por la mañana el Infoman llegó y saludó a Brian con energía y entusiasmo. Abrió su computadora portátil.

—Comencemos revisando los factores críticos de éxito que ya hemos discutido y miremos aquellos adicionales que se te han ocurrido. Te mostraré cómo acomodarlos dentro del informe de una página.

Brian había definido varios factores críticos de éxito desde su pasada reunión con el Infoman. Le mostró las notas y le explicó de qué manera había aplicado los cuatro pasos sencillos. El Infoman y Brian revisaron los factores y los editaron (véase gráfico de la página siguiente).

DEFINICIÓN DEL ÉXITO PARA BRIAN SCOTT
Semana que termina el 24 de febrero

ÁREA DE ÉXITO 1 - GIRO FINANCIERO DE LA EMPRESA

Factor	Estatus	Meta
Precio por acción	20	35
Razón de endeudamiento	0,9	0,5
Coeficiente de liquidez	1,2	2,5
Rendimiento del capital	10,1	15
Identificar las líneas lucrativas	Planeación	1 de marzo
Reducir personal	Planeación	1 de marzo
Bajar costos	Planeación	1 de marzo
Plan de reorganización	Terminado	1 de marzo
EVA (millones de $) Valor económico añadido	-0,5	15

ÁREA DE ÉXITO 2 - CRECIMIENTO

Factor	Estatus	Meta
% de crecimiento en ventas *vs* año anterior	6	20
% de cuota de mercado (producto principal)	10	20
% de crecimiento en la base de clientes	1	5
Crear alianzas externas	Planeación	1 de julio

—Este informe te ayudará a enfocarte en el estatus de tus factores críticos de éxito y te dirá qué tan lejos te encuentras de tus metas. Me da la impresión de que estás bastante lejos —comentó el Infoman.

—Sí, lo estoy —le confirmó Brian con un suspiro.

—No quería desanimarte. Sé que estas son metas difíciles.

—No estoy desanimado —dijo Brian—. Confirma lo que ya sabía sobre la situación en XCorp.

El Infoman continuó diciendo: —Veo que has especificado una meta para cada uno de estos factores críticos de éxito. En realidad necesitas tres.

Brian se veía algo perplejo: —¿Tres metas? —preguntó.

—El primer nivel de metas que necesitas es el de la meta mínima. El segundo es el de la meta satisfactoria y el tercero es el de la meta sobresaliente. El *nivel de meta mínima* es la línea divisoria entre lo aceptable y lo inaceptable. Es importante que las personas conozcan en qué punto su estatus actual es considerado como inaceptable.

—¿No bastaría con un solo estándar para indicar eso? —preguntó Brian.

—Realmente no —respondió el Infoman—. Un solo estándar generalmente fija la meta última para un factor crítico de éxito, no la mínima.

—¿Entonces cuáles serían los otros dos niveles de las metas?

—El segundo nivel de la meta, responde al *nivel satisfactorio de la meta*, es el siguiente paso alcanzable hacia tu meta final.

—El tercer nivel de la meta, es el *nivel sobresaliente*. Este es un objetivo alcanzable pero que presenta un gran desafío y que en muchos casos se logra solo después de un largo tiempo. Las metas sobresalientes usualmente se alcanzan a través de una serie de pasos satisfactorios. Son metas exigentes que solo se alcanzan paso a paso, pensando con inteligencia cada una de las etapas del camino. Es por eso que recomiendo emplear los tres niveles de metas.

El Infoman miró hacia la pantalla y dijo: —Los tres niveles de metas tendrán una interpretación diferente para los proyectos que has listado aquí, tales como "Identificar las líneas lucrativas". Yo sé que la fecha límite de tu meta es el primero de marzo. Este sería tu nivel sobresaliente de la meta. Ahora bien, ¿cuál podría ser un plazo más cómodo para este proyecto y no obstante suficientemente retador?

Brian reflexionó por unos minutos y dijo: —Creo que

el primero de mayo todavía estaría bien, pero debo haber completado este proyecto para el 15 de mayo.

—En ese caso, el primero de mayo podría ser tu nivel satisfactorio de la meta —continuó el Infoman—. ¿Cuál podría ser la fecha más lejana en la que aceptarías que se completara el proyecto?

—Si la primera fase del nuevo programa de ventas no está lista para el 15 de mayo, perderíamos la oportunidad de prepararnos para la campaña de ventas del verano —aseguró Brian.

—El nivel mínimo para este proyecto, entonces, sería el 15 de mayo —fue la respuesta del Infoman.

El Infoman miró de nuevo el cuadro donde estaban escritos los factores críticos de éxito de Brian. Luego trabajó con él para identificar tres niveles de metas para cada factor y digitó los objetivos. Cuando terminaron, el informe de enfoque de Brian se veía como se muestra en la página siguiente.

Brian estudió el Informe de Enfoque.

—¡El concepto de los tres niveles de metas ahora me parece tan obvio que resulta difícil imaginar cómo operar sin él! —dijo Brian.

—Definir las metas es una clave importante para lograr dar un vuelco a XCorp —dijo el Infoman.

—Implementaremos este sistema de los tres niveles de metas. Tiene mucho sentido —comentó Brian.

—Me alegra que tengas tan buena opinión de los tres niveles de metas. Será muy emocionante ver cómo funciona este sistema de fijar metas en esta compañía. Recuérdale a tu gente: ¡El buen desempeño comienza estableciendo metas claras!

El buen desempeño comienza

estableciendo metas claras

DEFINICIÓN DEL ÉXITO PARA BRIAN SCOTT
Semana que termina el 24 de febrero

ÁREA DE ÉXITO 1 - GIRO FINANCIERO DE LA EMPRESA

Factor	Estatus	Nivel Mín/Máx	Nivel Satisfactorio	Nivel Sobresaliente
Precio por acción	20	25	30	35
Razón de endeudamiento	0,9	0,7	0,6	0,5
Coeficiente de liquidez	1,2	1,7	2	2,5
Rendimiento del capital	10,1	10	12	15
Identificar las líneas lucrativas	Planeación	15 de mayo	1 de mayo	1 de marzo
Reducir personal	Planeación	1 de mayo	1 de abril	1 de marzo
Bajar costos	Planeación	1 de mayo	1 de abril	1 de marzo
Plan de reorganización	Terminado	15 de abril	30 de marzo	1 de marzo
EVA (millones de $) Valor económico añadido	-0,5	5	10	15

ÁREA DE ÉXITO 2 - CRECIMIENTO

Factor	Estatus	Nivel Mín/Máx	Nivel Satisfactorio	Nivel Sobresaliente
% de crecimiento en ventas *vs* año anterior	6	5	10	20
% de cuota de mercado (producto principal)	10	12	15	20
% de crecimiento en la base de clientes	1	1	3	5
Crear alianzas externas	Planeación	1 de septiembre	1 de agosto	1 de julio

—Ahora quiero mostrarte otra parte del Informe de Enfoque. Tiene que ver con las *tendencias* en los datos.

El interés de Brian iba en aumento. Había estado utilizando análisis de tendencias durante años como una manera de interpretar los datos a lo largo del tiempo. Le interesaba escuchar lo que el Infoman tenía que decir al respecto.

El Infoman le enseñó a Brian una gráfica de muestra que representaba el desempeño de un factor crítico de éxito típico del área de producción.

—Supongamos que esta gráfica pertenece a una de las personas a tu cargo —dijo el Infoman—. ¿Qué te indica?

Gráfica de ejemplo

% de efectividad en la producción

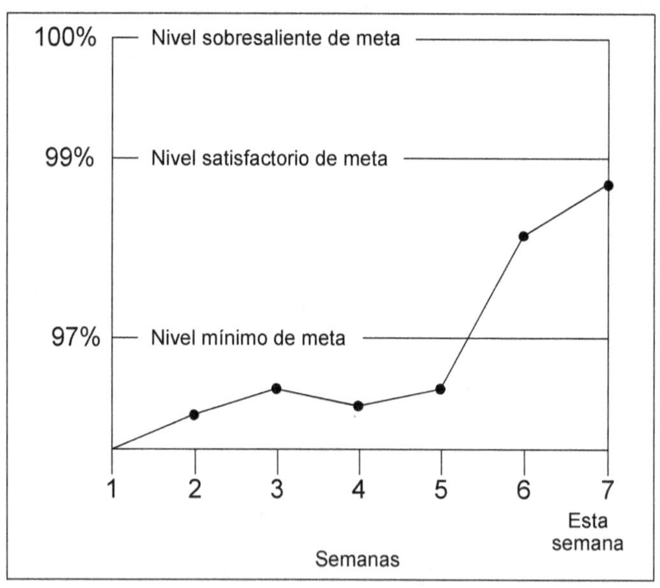

—Lo primero que me muestra es que el desempeño de ese empleado ha sido aceptable solo en las últimas dos semanas —dijo Brian.

—¿Puedes obtener alguna otra información de esta gráfica?

—Bueno, la gráfica indica que la persona está marchando en la dirección correcta. Se está acercando a sus metas, a pesar de que no ha alcanzado aún su nivel satisfactorio de meta.

—Exactamente —dijo el Infoman—. Esta es una información muy útil. En el camino hacia el éxito, necesitas saber si vas en la dirección correcta.

> ***En el camino hacia el éxito,***
> ***necesitas saber si vas***
> ***en la dirección correcta***

—Podemos transferir este tipo de información al Informe de Enfoque en una columna marcada como Tendencia junto a cada factor crítico de éxito, introduciendo una B para resaltar una buena tendencia o una mejoría en el desempeño, y una M para mostrar una mala tendencia o un mal desempeño. Podrás darte cuenta, claro, de que el concepto de tendencia no se aplica a proyectos tales como el de "Identificar nuevas líneas lucrativas".

El Infoman conversó con Brian sobre el desempeño en el pasado de sus factores críticos de éxito e introdujo información de tendencias en donde resultaba apropiado. Cuando hubo terminado, le mostró la pantalla a Brian diciendo:

—Este es un ejemplo de tu Informe de Enfoque (véase gráfico de la página siguiente).

INFORME DE ENFOQUE PARA BRIAN SCOTT
Semana que termina el 24 de febrero

ÁREA DE ÉXITO 1 - GIRO FINANCIERO DE LA EMPRESA

Factor	Estatus	Nivel Mín/Máx	Nivel Satisfactorio	Nivel Sobresaliente	Tendencia
Precio por acción	20	25	30	35	M
Razón de endeudamiento	0,9	0,7	0,6	0,5	M
Coeficiente de liquidez	1,2	1,7	2	2,5	M
Rendimiento del capital	10,1	10	12	15	M
Identificar las líneas lucrativas	Planeación	15 de mayo	1 de mayo	1 de marzo	-
Reducir personal	Planeación	1 de mayo	1 de abril	1 de marzo	-
Bajar costos	Planeación	1 de mayo	1 de abril	1 de marzo	-
Plan de reorganización	Terminado	15 de abril	30 de marzo	1 de marzo	-
EVA (millones de $) Valor económico añadido	-0,5	5	10	15	M

ÁREA DE ÉXITO 2 - CRECIMIENTO

Factor	Estatus	Nivel Mín/Máx	Nivel Satisfactorio	Nivel Sobresaliente	Tendencia
% de crecimiento en ventas *vs* año anterior	6	5	10	20	-
% de cuota de mercado (producto principal)	10	12	15	20	M
% de crecimiento en la base de clientes	1	1	3	5	M
Crear alianzas externas	Planeación	1 de sep.	1 de agosto	1 de julio	-

—Para resumir, la primera columna muestra el listado de todos los factores críticos de éxito que has definido. Estos factores deberían cubrir tus principales áreas de responsabilidad. Los factores críticos de éxito de cada persona deben ser únicos e importantes para esa persona. En la segunda columna puedes introducir el estatus de tus factores críticos de éxito, a partir de los numerosos informes que se encuentran disponibles dentro de la empresa. Esta columna tiene la *buena información* que necesitas de todo el gran océano de información disponible. La tercera, cuarta y quinta columnas son tus metas. En la sexta columna introduces la información acerca de las tendencias con base en una gráfica histórica de los factores críticos de éxito. A medida que utilices este informe, te darás cuenta de que no todos los factores tienen igual importancia. Tendrás que priorizar y, de hecho, reducir tu informe a un menor número de factores críticos de éxito.

Brian estaba pensando cómo se facilitaría su trabajo si todos sus gerentes entendieran este proceso de establecer metas. Esto haría más claros los estándares de responsabilidad y desempeño, y motivaría el progreso hacia las metas.

Ya era mediodía. Brian decidió ir a almorzar para poder reflexionar sobre todo lo que había hecho durante la mañana. Pensó acerca de su conversación con el Infoman y en su mente surgieron pensamientos contradictorios. Quizás él como director general de esta corporación no podía darse el lujo de gastar su tiempo en información y reportes. Quizás debería concentrarse solo en esas estrategias a corto plazo que había empezado a implementar y que abrigaban una promesa de éxito. Así, no tendría que emplear tiempo construyendo el informe de una página que el Infoman le había descrito. Podría continuar trabajando sobre los asuntos urgentes que resultaban importantes para la Junta Directiva. Este pensamiento tomaba más y más fuerza. Tenía hambre.

Tras un buen almuerzo, Brian se sintió mejor acerca de lo que había escuchado aquella mañana. Sintió que el sistema del Infoman contenía posibilidades muy significativas y que incluso podría ser la llave para una cura a largo plazo. Decidió, como prueba piloto, implementar la administración en una página en un área y adoptar el concepto de brevedad y precisión en toda la empresa. Redactó el siguiente mensaje: "Ningún memorando que circule por XCorp deberá tener más de una página. Si algo no puede decirse en una página, piense en una manera más sencilla de decirlo."

## CAPÍTULO 6

Enfrentándose a nuevos conceptos

Apenas regresó a su oficina, Brian envió su memorando. Le pidió a Joanne que le dijera a Tom Brown que lo necesitaba. Quería compartir con él lo que había aprendido del Infoman y evaluar la posibilidad de comenzar a implementar el proceso en su área. Tom se reunió con Brian y escuchó sus explicaciones, incluyendo los Cuatro Pasos Sencillos, los tres niveles de metas y la construcción del Informe de Enfoque. Pero Tom no se sentía muy impresionado. Su reacción fue tibia y escéptica.

—Ya estamos haciéndolo —dijo—. Además, tenemos tantas cosas en marcha que esto no debería ser una prioridad en este momento.

—¿Qué cosas están en marcha? —preguntó Brian.

—Bueno, estamos suministrando nuevas herramientas a las plantas y sistematizando nuestros procesos de producción desde el área de producción hasta el sistema de envío.

—Eso es un programa impresionante. ¿Cuánto se ha realizado ya?

—Bastante —respondió Tom—, y por eso es que no deberíamos comenzar nada nuevo hasta haber terminado lo que empezamos.

—Eso suena razonable. ¿Cuándo estará terminado el proyecto? —preguntó Brian.

—Tal vez un año más.

Brian empezaba a enfadarse: —¿Quieres decirme que no estarás listo para iniciar nada nuevo por un año más? ¿Entonces para qué estoy yo aquí? ¡Tengo dos años para dar un vuelco a esta empresa! Ciertamente no me quedaré inmóvil tan solo observando. Pienso implementar cambios.

Tom guardó silencio un momento y luego respondió:

—No era lo que quería decir. Estoy abierto a nuevas ideas, pero lo que te he escuchado decir no me pareció nada nuevo. Ya lo estamos haciendo.

—Vamos a ver, ¿cuáles son tus factores críticos de éxito? —preguntó Brian.

—¿Qué quieres decir? —preguntó Tom.

—Quiero decir: resultados que pudieran indicar que tu división de producción está haciendo un buen trabajo —continuó Brian.

—Hay bastantes —respondió Tom.

—¿Puedes decirme cuáles son? —preguntó Brian.

—Puedo nombrarte algunos, pero para hacer una lista completa tendría que mirar en nuestra base de datos de la computadora. No estaría todo en una página o en una pantalla, se asemeja más a unas doscientas páginas.

—Precisamente —dijo Brian—. ¿No preferirías tenerlo todo en una página?

—Eso es imposible —respondió Tom. —Si mirara solo una página, las cosas se saldrían de las manos.

—¿De las manos de quién? —preguntó Brian.

—Sabes lo que quiero decir —respondió Tom.

Brian sonrió al darse cuenta de lo que le preocupaba a Tom. —Tienes razón —dijo—. Muchas cosas se saldrían de tus manos, pero es allí donde pertenecen. Deberían estar en manos de los cientos de gerentes y supervisores que te reportan directa o indirectamente.

—Mira —prosiguió—, digamos que la lista de tus factores críticos de éxito suma, de hecho, doscientas páginas. Si distribuyes la responsabilidad y el control de ellas entre tus gerentes, habría una tercera parte de una página para cada persona. Claro, suena algo simplista, pero apunta directamente al centro de la cuestión.

La argumentación de Brian no estaba logrando el efecto deseado sobre Tom. Lo estaba poniendo nervioso y a la defensiva.

—¿Tienes metas para tus factores críticos de éxito? —preguntó Brian.

—Las tengo para los factores más importantes —dijo Tom.

—¿Y los gerentes que están debajo de ti, hasta los empleados que trabajan por horas, son conscientes de sus propios factores críticos de éxito? ¿Tienes metas definidas para cada uno?

—No estoy seguro —dijo Tom—. ¿Cómo puede eso ayudarnos en nuestros problemas de eficiencia y calidad que están relacionados directamente con las máquinas?

—Pueden estar relacionados con las máquinas —respondió Brian—, pero las máquinas son operadas por personas, y es el trabajo y la creatividad de las personas lo que necesitamos para avanzar.

—Estoy de acuerdo —dijo Tom—. Necesitamos gente que trabaje duro. Es por eso que he prescindido de muchos empleados y supervisores a lo largo del último año. No puedo soportar a las personas que son lentas y que esperan que se les pague sin haber hecho su trabajo. Creo que estamos obteniendo la máxima productividad de nuestra gente ahora. La única manera de mejorar es actualizar la maquinaria.

Brian se sintió molesto. Se daba cuenta de que la manera de pensar de Tom se encontraba a kilómetros de la suya.

Luego de una pausa, Brian dijo: —Tengo la clara sensación de que este proceso podría tener un profundo impacto en nuestra empresa. Pero necesito un lugar para poder aplicarlo.

—Creo que el área de ventas realmente podría utilizar este tipo de programa —respondió Tom rápidamente, esperando que Brian lo dejara en paz.

—Esperaba que ofrecieras tu área —sugirió Brian.

—¿Exactamente qué es lo que quieres que haga? —preguntó Tom.

—Quiero que tú y tus gerentes empiecen a producir informes de una página para ustedes, de modo que todos estén bien enfocados y cuenten con un cuadro de desempeño.

Brian le pasó a Tom una copia del informe que había construido.

—Así es como quiero que se vea el informe —dijo.

Tom miró el informe de muestra. Hubo un largo momento de silencio. No se veía impresionado. "Esto no es gran cosa", pensó. Le sorprendía que Brian estuviera pidiendo un reporte así. Le parecía que sería una total pérdida de tiempo.

Brian se percató de la reacción de Tom y su renuencia a hacer lo que se le estaba pidiendo.

—¿Hay algo que te moleste? —preguntó.

—La información que me pides ya se encuentra disponible en los informes que recibimos de numerosas fuentes y dentro de nuestras bases de datos. Está toda allí. Tenemos suficientes problemas manejando la información que recibimos, y ahora quieres que dupliquemos el trabajo. Ya estamos trabajando muy duro y tratando de hacer lo mejor por la compañía.

Tom prosiguió: —Todos los días tenemos que apagar muchos incendios para hacer que las cosas sigan funcionando. En lugar de reconocer nuestro duro trabajo, me pides que pierda el tiempo de mi gente preparando un informe.

—Aprecio los esfuerzos que hace tu gente —respondió Brian—, pero eso no quiere decir que deba aceptar los resultados. El que estés trabajando duro no quiere decir que estés haciendo las cosas correctas.

> *Es más importante estar haciendo*
> *las cosas correctas, que estar haciendo*
> *correctamente las cosas*

—Es por eso que quiero que tengas la experiencia de definir los factores críticos de éxito para ustedes mismos —añadió Brian.

—Tu gente —prosiguió— tendrá que esforzarse para separar lo que es importante de lo que no lo es. Para cuando hayas terminado, los gerentes tendrán una lista de las cosas correctas en las que deben trabajar duro. Esto ayudará a dar un vuelco a la compañía.

A Tom le costaba trabajo comprender el punto de vista de Brian, no estaba de acuerdo. Sin embargo, quería que su jefe estuviera contento, así que le dijo a Brian que iba a hacer lo que pudiera.

La reacción de Tom molestó a Brian porque él esperaba que fuera más entusiasta. "Este tipo de actitud podría ser parte del problema", pensó.

Tom Brown abandonó la oficina de Brian y se dirigió directamente a la oficina de su amigo cercano, el vicepresidente a cargo de la planeación.

—El nuevo director general está chiflado —le dijo al entrar a la oficina—. Cree que nos la pasamos todo el día sentados sin nada que hacer. No se da cuenta que estoy trabajando en proyectos importantes y que no me puedo dar el lujo de estar reformateando los informes.

El vicepresidente de planeación era un tipo diplomático. —Brian probablemente tenga una buena razón para pedir lo que pide, pero si no te gusta, todo lo que tienes que hacer es: nada. Solo deja que se acumule entre las demás cosas pendientes.

—Sí, perfecto —respondió Tom con sarcasmo—. ¡Así me aseguro de que me despidan!

—No, eso no va a pasar —dijo el vicepresidente de planeación—. Si le dices que estás trabajando en ello y te vas haciendo el disimulado, es posible que Brian pronto se olvide de ello, y con eso desaparecerá tu problema.

"Hacerme el disimulado. ¡Vaya consejo!", pensó Tom, desilusionado por la respuesta de su colega. Se dirigió a su oficina y se sentó en su silla. Ni siquiera se dio cuenta del saludo de su asistente.

Eran las 3 de la tarde. Tom miró su agenda para el resto del día. Tenía previsto asistir a dos reuniones: Automatización del área de fabricación y Sistema integrado de producción por computadora. Pero ahora no tenía muchas ganas de asistir a ninguna reunión. Parecían asuntos sin importancia. Tom llamó a su asistente y le dijo:

—No asistiré a más reuniones esta tarde. Las presentaciones pueden tener lugar sin mi presencia.

Le preocupaba que tras la nueva solicitud de Brian se le pidiera que abandonara los grandes proyectos en los que había invertido una considerable cantidad de tiempo y energía. Estaba desorientado.

Tom se encontraba mirando a la pared cuando de pronto escuchó que golpeaban a la puerta. Era su asistente. —Ya me voy y me preguntaba si me necesitaba para algo —dijo—. Tom miró su reloj. Ya eran las 5 de la tarde. —No, gracias —respondió—. Hasta luego.

Tom decidió que quizás sería mejor que él también se fuera a casa. Se levantó y salió de la oficina, llevándose sus sentimientos negativos consigo.

Cuando llegó, su esposa inmediatamente se dio cuenta de que algo había ocurrido. Podía adivinar el estado de ánimo de su esposo por la manera en que entraba a la casa. Este no era el Tom fuerte y vigoroso que conocía. Quería preguntarle qué le pasaba, pero decidió esperar hasta después de la cena, cuando los niños ya se hubieran ido a la cama.

Esa noche, la familia Brown tuvo la cena más silenciosa que habían tenido en mucho tiempo. Cada intento de iniciar una conversación fracasaba. Luego de la cena, Tom se sentó en su silla reclinable, tomó el periódico y se quedó mirándolo.

—Cariño, ¿por qué estás mirando la sección de empleos clasificados? —preguntó su esposa, Elaine—. ¿Acaso te despidieron?

—No, pero si las cosas se ponen difíciles en XCorp y si no me llevo bien con Brian Scott, quizás tenga que empezar a buscar —respondió.

—¿De qué estás hablando? —exclamó ella—. Has estado tan entusiasmado con tu trabajo durante el último año. ¿Qué pasó hoy?

—El CEO es un idiota, y no le caigo bien.

—Bueno, cálmate. No puede ser un idiota si está dirigiendo XCorp, y no puedo imaginar que no le caigas bien a alguien. Dime qué pasó.

—El CEO estuvo encima de mí hoy. Pasó una buena parte de la tarde interrogándome acerca de cuáles eran mis factores críticos de éxito para la producción.

—¿Qué te estaba pidiendo que hicieras? —preguntó Elaine.

—Que empleara nuestro tiempo definiendo los factores críticos de éxito y las metas de modo que cada gerente pueda mirar una sola hoja de papel en lugar de una cantidad de informes diferentes —respondió Tom.

—¿Y qué hay de malo en ello? —preguntó Elaine.

—¡Es una locura, eso es lo que hay de malo! Es una pérdida de tiempo y dinero. Si quiere un informe de una página, pues que lo escriba él, pero que me deje en paz. Además, ya tengo suficientes problemas comunicándome con nuestra gente. ¿Puedes imaginarte cómo sería lograr que los gerentes se pongan a preparar nuevos informes? Estaríamos empleando todo nuestro tiempo hablando. No lo voy a hacer. Yo sé lo que más le conviene a la empresa, y no es lo que Brian Scott nos está pidiendo que hagamos.

Tom seguía hablando y repitiéndose. Elaine empezaba a enfadarse con su esposo. Trató varias veces de decir algo, pero Tom no le daba oportunidad. De pronto Elaine se levantó, tomó un montón de periódicos y los golpeó contra la mesa.

—¿Podrías dejar de actuar como un niño y escucharme? Estás siendo testarudo. No quieres admitir que podrías estar equivocado. ¿Por qué no tratas de verlo desde su punto de vista?

Prosiguió: —Hazte la pregunta tú mismo: ¿Por qué quiere este tipo que presentes informes de una página? Quizás haya alguna razón lógica diferente a que esté loco.

Tom jamás había visto a su esposa tan asertiva. Eso le gustaba, pero no quería admitirlo, así que se quedó callado escuchando.

Elaine suavizó su tono de voz. —¿Cariño, recuerdas la cena del viernes pasado donde los vecinos?

—¿Cómo me voy a olvidar de una cena tan espantosa?

—El bistec que sirvieron era el corte de carne más caro. El bistec es tu comida favorita, ¿o no? Lo habían freído en una salsa de champiñones y mantequilla, y estaba muy recocido. A ti te gusta el bistec término medio, asado, sin mantequilla y sin salsa.

—Eso es cierto.

—Así que no te comiste el bistec que te sirvieron, y eso no les hizo mucha gracia.

—¿Qué tiene que ver eso con mi jefe? —preguntó Tom.

—Todo —respondió Elaine—. Los esfuerzos que haces

por tu director general son como el bistec muy cocido. ¿No lo ves? A él le gusta cocinar su carne de otro modo. ¿Por qué no averiguas cómo le gusta y se lo preparas de esa manera? Y eso seguramente será fácil, ya que el hombre te ha dicho la manera en que quiere organizar su empresa.

Elaine se detuvo por unos minutos y dijo: —Además, cariño, no olvides la regla de oro: el que tiene la sartén por el mango hace las normas.

Tom permaneció en silencio. —Espero no haberle estado hablando a la pared —dijo Elaine mientras salía de la habitación.

Tom entendió el punto de vista de su esposa. Se dio cuenta de que no podía pelear tanto con su esposa como con su jefe, así que empezó a intentar ver las cosas desde el punto de vista de Brian.

Pensó por un largo rato, y finalmente decidió que le daría una oportunidad a la idea de Brian.

Al día siguiente, Tom se reunió con sus colaboradores directos y les contó la tarea que le había sido asignada. Les pidió que se reunieran y construyeran sus informes de una página. A ellos les gustó la idea de estar involucrados en esto. El equipo de Tom se reunió dos sábados consecutivos en la sala de juntas. Siguieron los cuatro pasos sencillos del Infoman. Identificaron cada una de sus relaciones importantes y definieron las áreas de éxito y los factores de éxito desde el punto de vista de esas relaciones.

El segundo sábado el equipo de Tom había reunido todos los informes que habían estado recibiendo recientemente. Los apilaron solo por diversión, y la torre medía casi un metro de alto. La perspectiva de resumir toda la información crítica en una página los intrigaba. Revisaron los informes y extrajeron el estatus de los factores críticos de éxito que habían definido. Cuando terminaron, cada uno tenía un Informe de Enfoque similar al que el Infoman había presentado a Brian.

Tom se dio cuenta de cómo este ejercicio había centrado la atención de todos en determinar qué era lo importante. Veía en los informes de enfoque de su gente factores críticos de éxito que no se le habían ocurrido antes, y se dio cuenta de que el estatus de muchos de ellos era peor de lo que él creía. La experiencia cambió la actitud de Tom.

"Quizás después de todo haya algún punto positivo en este proceso", pensó.

El lunes, mientras Tom pensaba acerca de la reunión con su equipo, se dio cuenta de que no había preparado su propio informe. Le pidió a su asistente que preparara su Informe de Enfoque combinando los informes de enfoque de las personas que trabajaban directamente para él. Para el final del día, su asistente había terminado la tarea y Tom había pasado en limpio una copia de un Informe de Enfoque que se parecía al que Brian le había mostrado, pero aún era de dos páginas y media.

—"Bueno," —pensó Tom— "dos páginas y media no es mucho para una persona con mi nivel de responsabilidad".

Tom ahora se alegraba de que Brian le hubiera pedido que hiciera esos informes, aunque le costaba admitirlo. Le había dado a él y a su equipo la oportunidad de pensar acerca de algunos temas a los que nunca habían dedicado tiempo. Estaba orgulloso de tener, para mostrar, un documento que justificaba el tiempo y el esfuerzo de su equipo.

Tom le pidió a Brian una cita para hablar sobre los informes. El interés de Tom sorprendió a Brian, quien ya había hecho planes para empezar el programa en el área de ventas debido a la renuencia inicial de Tom.

—Ya tengo mi informe listo —dijo Tom—. No es un mal programa. Claro que la prueba está aún por verse.

Brian tenía curiosidad por saber qué había causado el

cambio de actitud en Tom. Quería ver los informes, pero pensó que el Infoman debería estar presente para comentarlos. Le pidió a su asistente que fijara una reunión.

—Pero yo no tengo el número telefónico del Infoman.

—¡Qué frustración! —dijo Brian, suspirando—. Tendremos que programarla cuando él llame.

Cuando Joanne regresaba a su puesto, sonó el teléfono. Era el Infoman. Ella se rió.

—Pensé que sería usted quien llamaba. El señor Scott quisiera fijar una reunión con usted y el señor Brown.

La reunión se fijó para el jueves en la mañana.

## CAPÍTULO 7

Delegando la responsabilidad

El jueves por la mañana, Tom entró a la oficina de Brian sintiéndose satisfecho consigo mismo. Brian le presentó al Infoman. Este saludó a Tom cálidamente, a lo que Tom respondió tan solo asintiendo con la cabeza. Hubiera deseado estar a solas con Brian. Ignorando por completo al Infoman, Tom miró a Brian y dijo:

—Debo admitir que me diste unas cuantas buenas ideas.

—¿Qué quieres decir? —preguntó el director general.

—Me refiero al Informe de Enfoque —dijo Tom—. Las partes de este informe que existían antes no estaban bien definidas ni eran consistentes. Cuando las pusimos juntas para elaborar el informe de una página, nos sorprendió el impacto que tuvo sobre todos nosotros.

Tom sentía que ahora entendía el concepto. Creía saber por qué el informe de una página era necesario, cómo se construía y cómo se podía utilizar.

—¿Les costó mucho trabajo? —preguntó Brian.

—Para nada —dijo Tom—. Fue fácil, comparado con otros programas de gerencia. No tuvimos que cambiar viejos hábitos, ni tuvimos que modificar ningún comportamiento. Fue pan comido.

Brian sonrió y respondió: —Me alegra que les haya parecido fácil. No fue tan fácil construir mi propio informe. Cuéntame cómo fue tu experiencia.

—Nos divertimos definiendo nuestros factores críticos de éxito —dijo Tom—. Nos ayudó mucho, más de lo que yo hubiera pensado. Y luego de que terminamos, nos preguntamos por qué no lo habíamos hecho antes.

—Cuando dices nosotros, ¿a quiénes te estás refiriendo? —preguntó el Infoman.

—A mí y a mis colaboradores directos.

—Te apuesto que tu gente disfrutó el hecho de sentirse involucrada —dijo el Infoman.

—Seguro que sí —respondió Tom, mientras abría su maletín y sacaba un paquete de informes.

—¡Realmente lo han trabajado! —comentó Brian—. Sugiero que comencemos por mirar tu propio informe.

Tom le entregó a ambos una copia de su informe de dos páginas y media. El Infoman examinó el informe de Tom por un momento. Luego levantó la mirada y dijo: —Éste es un informe muy interesante. Sin embargo, hay un par de cosas que necesito señalar acerca de él. Muchas personas enfrentan los mismos problemas al comenzar este proceso, así que por favor, no tomen mis comentarios como una crítica a su trabajo.

Tom asintió mientras escuchaba los comentarios del Infoman.

—Primero que todo, ¿por qué tu informe tiene más de una página?

Tom hubiera querido ignorar la pregunta, pero se daba cuenta de que Brian escuchaba muy atento.

—Bueno, me parecía que simplemente no podría dejar fuera de mi informe ninguno de los factores críticos de éxito de mi equipo —respondió.

—¿Cuántas personas reportan directamente a ti? —preguntó el Infoman.

—Tres —respondió Tom.

—¿Qué hubieras hecho de tener diez personas reportándote directamente? ¿Repetirías todos sus factores críticos de éxito en tu informe aunque terminaras con diez páginas? —preguntó el Infoman.

—Supongo que sí —respondió Tom.

El Infoman dijo: —En ese caso no han quedado claros los beneficios reales de la administración en una página.

Tom no había esperado este tipo de comentario.

—¿Qué quieres decir? —le preguntó Tom al Infoman.

El Infoman sonrió y dijo: —Los factores críticos de éxito en el informe de cada persona deben ser únicos para esa persona. Tu Informe de Enfoque debería tener factores diferentes y no solo repetir los de tu equipo.

—Pero yo soy su gerente, entonces ¿cómo podrían ser mis factores críticos de éxito diferentes de los de ellos? —preguntó Tom.

—Permíteme darte un ejemplo —dijo el Infoman—. Si los factores críticos de éxito de tus colaboradores incluyen unidades de producto enviadas, los tuyos podrían ser rotación de inventario o rentabilidad del producto. Si lo que les concierne a ellos es el número de unidades producidas, tu factor crítico de éxito debería ocuparse de la forma en la que dichas unidades satisfacen las necesidades de tus clientes o definir el porcentaje de tus colaboradores directos cuyo desempeño supere sus niveles satisfactorios de meta.

A Tom eso le parecía razonable. A él le encantaba escuchar los términos asociados con la producción. Se dio cuenta de que el Infoman sabía algo de procesos de producción, así que empezó a tomarlo más en serio.

—El problema —dijo Tom— es que resulta imposible definir factores críticos de éxito únicos para mí que no se apliquen también a mis colaboradores directos.

El Infoman miró a Tom con una expresión de comprensión en su rostro. Sonrió y le preguntó: —¿Crees que tu trabajo es necesario?

Tom se sentía en un apuro. Sabía que el Infoman hacía la pregunta para ilustrar algún punto. No obstante, escucharla delante de su jefe lo hacía sentir incómodo.

Brian respondió a la pregunta en su lugar:

—Por supuesto que el trabajo de Tom es necesario —dijo.

El Infoman prosiguió: —Si no es posible definir factores críticos de éxito únicos para un gerente más allá de lo que se define para su equipo, esa es una clara señal de que el trabajo de ese gerente es innecesario. Muchos gerentes simplemente observan cómo trabajan en los niveles inferiores. Ellos supervisan a través de interminables reuniones y se enfocan en factores que ya han delegado o que deberían haber delegado. En lugar de esto, deberían enfocarse en factores que solo puedan recibir un impacto desde su nivel más alto.

Brian asintió a medida que visualizaba los muchos niveles de su organización que gastaban el tiempo en los números generados en los niveles más bajos y que eran repetidos y totalizados más arriba. Se dio cuenta del valor de enfocar a cada nivel en su propia y distintiva contribución con factores críticos de éxito únicos.

—Otra cosa —continuó el Infoman—. Si tienes dos páginas y media de factores críticos, entonces no estás realmente enfocado. Deberías confiar en que la gente a tu cargo es competente y puede hacerse cargo de todos o la mayoría de dichos factores.

Mientras Tom y Brian reflexionaban sobre lo que estaban escuchando, el Infoman se dirigió a Tom y le dijo: —Sé que tu trabajo es necesario. Quizás puedas echarle otra mirada a tus factores y regresar con un informe que ilustre el valor único de tu trabajo, en lugar de mirar los trabajos de tus colaboradores.

Tom se dio cuenta de que nunca había pensado acerca de su trabajo de esta manera.

—A veces se requiere creatividad para encontrar factores únicos para uno mismo —continuó diciendo el Infoman—, pero sé que tú podrás hacerlo.

—No te preocupes, podré hacerlo. Me pondré a trabajar en ello de inmediato —dijo Tom, con un aire de confianza lejos del que había podido sentir antes.

Al salir de la oficina de Brian, tomó una copia del informe de una página que el Infoman había definido para Brian como guía. Tom decidió que trabajaría en su Informe de Enfoque de inmediato, antes de que lo que le había dicho el Infoman se le olvidara. Se dirigió a su oficina, despejó su mesa de conferencias y se sentó a trabajar con una libreta de anotaciones y su informe de dos páginas y media.

Comenzó por eliminar, uno a uno, los factores críticos de éxito que se podían aplicar a sus colaboradores en lugar de a sí mismo. Apenas terminó, tenía dos hojas y media en blanco.

Luego Tom se esforzó por señalar los factores críticos de éxito únicos que se podían aplicar a su propio trabajo. Se sonrojó al recordar su conversación anterior con Brian durante la cual le había dicho que su lista de factores llenaría doscientas páginas. ¡Ahora tenía dificultades para encontrar un solo factor! De pronto recordó una afirmación del Infoman que le dio un renovado impulso. Si no puedes definir factores críticos de éxito únicos para tu trabajo, entonces quizás tu trabajo no es necesario. Se levantó, se sirvió un café y regresó a su tarea con decisión.

Escribió los que consideraba eran sus mayores aportes para la empresa. Sentía que además de estar a cargo de la producción en curso, también tenía alguna responsabilidad en la salud futura de la compañía. Sus responsabilidades dentro de la operación de los procesos productivos de

XCorp requerían su atención sobre la calidad y puntualidad en las entregas de los productos de la compañía, la rotación de inventarios, el control de los desperdicios, y la eficiencia global de las plantas de XCorp. La automatización de los procesos de producción, el programa de reducción de desperdicios y el mejoramiento de la productividad eran los proyectos principales en los que actualmente estaba involucrado.

Pensó cuidadosamente acerca de cada una de estas áreas y cómo podría definir factores críticos de éxito únicos para sí mismo. Decidió intentarlo con los cuatro pasos sencillos que el Infoman le había dado a Brian.

Durante los días siguientes habló con las personas en los departamentos que se veían afectados por su trabajo y aprendió muchísimo de esas conversaciones. Por ejemplo, el área de ventas podía proveerle la información sobre los reclamos de los clientes y los motivos de rechazo, la mejora de productos y su competitividad. Los registros de contabilidad le daban los ajustes de inventarios y costos asociados con el crecimiento del inventario.

La búsqueda de Tom lo hizo más consciente de la interrelación entre las diferentes funciones dentro de la empresa. Cuanto más se involucraba en el proyecto, más veía el valor de lo que Brian quería que hiciera.

Estaba aprendiendo que necesitaba hacer mucho más para administrar a sus clientes internos y se daba cuenta de la repercusión que esto tendría sobre la calidad del servicio y los productos.

Tras dos semanas, el informe de Tom estaba listo. Había identificado dos áreas principales de éxito para sí mismo: operaciones y proyectos. Tom se sentía orgulloso del informe que había definido.

Un par de días después los tres hombres se reunieron de nuevo.

—¿Cómo te fue? —preguntó el Infoman a Tom.

—Muy bien —fue la respuesta de Tom—. Tengo un informe de una página con los factores críticos de éxito únicos importantes para mí.

Entregó copias de su informe a Brian y al Infoman (véase gráfico de la página siguiente).

El Infoman examinó el informe de Tom. Estaba complacido y sorprendido con la comprensión que demostraba Tom de los conceptos que le había explicado.

—Un trabajo excelente —le dijo—. Solo tengo una pregunta: ¿el porcentaje de eficiencia global es un factor crítico de éxito tuyo o uno que debería ser delegado a tus gerentes de planta?

—Es uno que debería ser delegado —dijo Tom—, estoy consciente de eso, pero quisiera conocer el número global solo para estar informado.

—Está bien —dijo el Infoman—. Lo puedes dejar siempre y cuando estés consciente de que no es un factor crítico de éxito tuyo. Es tu factor crítico de gestión, un factor que se ve influido por ti a través de tu papel como gerente.

Brian se unió al Infoman en los elogios para Tom. —Me gustan los proyectos que has enumerado y que tienen que ver con el futuro de XCorp —dijo.

El Infoman asintió. —Como regla general —añadió el Infoman—, las personas en los niveles superiores deben estar orientadas hacia el futuro, mientras que en los niveles inferiores deben estar más centrados en el presente. Además, al usar este informe, encontrarás que estos factores no son todos igualmente importantes y tendrás que priorizar y concentrarte en pocos que sean vitales.

—Ahora veamos las metas que te has puesto.

El Infoman miró nuevamente el informe de Tom. Se dio cuenta de que el estatus actual de Tom era en algunos casos mejor que su meta sobresaliente. Le pidió que le explicara.

Esas metas están basadas en estándares de ingeniería industrial —respondió Tom.

INFORME DE ENFOQUE PARA TOM BROWN

Semana que termina el 24 de febrero

ÁREA DE ÉXITO 1 - OPERACIONES

Factor	Estatus	Nivel Mín/Máx	Nivel Satisfactorio	Nivel Sobresaliente	Tendencia
% de envíos que superan los parámetros de calidad y llegan completos y a tiempo	45	60	80	100	M
% de plantas con devoluciones del cliente < 1 %	65	60	80	100	M
% de plantas que mejoran los costos por unidad del principal competidor	5	20	60	90	M
% de desviación en relación con el presupuesto de austeridad	4	10	6	5	B
% de plantas operando a tiempo	90	85	95	100	B
% de plantas con ajustes en el inventario < 1%	65	70	80	95	M
% de eficiencia global	90	85	88	89	-

ÁREA DE ÉXITO 2 - PROYECTOS

Factor	Estatus	Nivel Mín/Máx	Nivel Satisfactorio	Nivel Sobresaliente	Tendencia
Proyecto de automatización fase I	Terminado	1 de mayo	15 de abril	1 de abril	-
Proyecto de automatización fase II	Planeación	1 de agosto	1 de julio	15 de junio	-
Reingeniería del desarrollo de productos	Pendiente	1 de octubre	1 de sep.	1 de julio	-
Liquidar inventario obsoleto	Planeación	1 de mayo	1 de abril	1 de marzo	-
Iniciativa de actualizar la competencia en los siguientes dos niveles	Planeación	1 de junio	1 de mayo	1 de abril	-

—¿Tienes una sensación de logro cuando superas alguno de esos estándares? —preguntó el Infoman.

—Para nada —contestó Tom—. ¡Es tan fácil!

—Entonces esos estándares no son lo suficientemente altos. Sé que quieres continuar mejorando, por lo tanto, tus metas de satisfacción deben ser más altas que tu estatus actual y aun así ser alcanzables en el corto plazo. Tus niveles sobresalientes deberían ser lo suficientemente exigentes como para asegurar estándares muy altos.

—¿Sugieres que alteremos nuestros estándares?

—No veo por qué no —dijo el Infoman—. No son algo sagrado. Han sido determinados por un grupo de personas que vinieron, midieron el desempeño del trabajo y escogieron los números. Si tienes nueva maquinaria, entonces esos estándares estarán desactualizados. Si ya estás superando los estándares, entonces define metas más altas.

Mientras Brian reflexionaba sobre la explicación del Infoman, Tom se preguntaba cómo podría vivir sin esos factores que había omitido en su informe. Le planteó la pregunta al Infoman.

—Si mi Informe de Enfoque no repite los factores críticos de éxito de las personas que me reportan directamente, ¿entonces cómo sabré cómo lo está haciendo mi gente?

El Infoman sonrió. —Buena pregunta —dijo—. Recuerda que hay tres informes de una página con los que debes trabajar. A continuación veremos el segundo informe, el Informe de Retroalimentación. Pero es el tercer informe de una página, el Informe de Gestión, el que te mostrará cómo le está yendo a tu equipo de trabajo.

## CAPÍTULO 8

El Informe de Retroalimentación

Tom se quedó sorprendido con el comentario del Infoman. No estaba al corriente de que existiesen dos informes adicionales de una página. Después de haber invertido un buen tiempo en su Informe de Enfoque, vacilaba ante la perspectiva de invertir más tiempo.

El Infoman percibió la inquietud de Tom y le dijo: —No te preocupes; los otros dos informes no tardan casi nada en ser construidos. Ambos se derivan del Informe de Enfoque. Voy a describir cómo se construye el segundo informe y vas a ver qué fácil es.

Tom se relajó. El Infoman continuó: —El segundo informe de una página te ayuda a supervisar tu progreso en el camino hacia el éxito. Se llama el *Informe de Retroalimentación*. Este informe identifica los factores que están mejor que el nivel satisfactorio de meta y los pone en la categoría de las buenas noticias. También identifica aquellos factores que están por debajo del nivel de meta mínimo y los pone bajo la categoría de malas noticias.

—Para construir este informe —prosiguió—, deben crearse dos zonas, buenas noticias y malas noticias. Luego se compara el estatus de cada factor crítico de éxito en tu

Informe de Enfoque con respecto a los niveles mínimo y satisfactorio. Si es mejor que el nivel satisfactorio ese factor se copia en la zona de buenas noticias. Si es peor que el nivel mínimo entonces el factor se copia en la zona de malas noticias. Al mirar el Informe de Retroalimentación puedes observar de un vistazo las fortalezas y debilidades de tu desempeño. Y los factores que se encuentran en la zona segura no aparecen en este informe.

—Eso suena interesante —exclamó Brian—. ¿Puedes mostrarnos un ejemplo?

—Seguro —dijo el Infoman—. ¿Tienes una copia de tu Informe de Enfoque más reciente? —le preguntó a Brian.

—Aquí lo tengo. Te lo estoy enviando por *email* (véase gráfico de la página siguiente).

INFORME DE ENFOQUE PARA BRIAN SCOTT

Semana que termina el 24 de febrero

ÁREA DE ÉXITO 1 - GIRO FINANCIERO DE LA EMPRESA

Factor	Estatus	Nivel Mín/Máx	Nivel Satisfactorio	Nivel Sobresaliente	Tendencia
Precio por acción	20	25	30	35	M
Razón de endeudamiento	0,9	0,7	0,6	0,5	M
Coeficiente de liquidez	1,2	1,7	2	2,5	M
Rendimiento del capital	10,1	10	12	15	M
Identificar las líneas lucrativas	Planeación	15 de mayo	1 de mayo	1 de marzo	-
Reducir personal	Planeación	1 de mayo	1 de abril	1 de marzo	-
Bajar costos	Planeación	1 de mayo	1 de abril	1 de marzo	-
Plan de reorganización	Terminado	1 de abril	30 de marzo	1 de marzo	-
EVA (millones de $) Valor económico añadido	-0,5	5	10	15	M

ÁREA DE ÉXITO 2 - CRECIMIENTO

Factor	Estatus	Nivel Mín/Máx	Nivel Satisfactorio	Nivel Sobresaliente	Tendencia
% de crecimiento en ventas *vs* año anterior	6	5	10	20	-
% de cuota de mercado (producto principal)	10	12	15	20	M
% de crecimiento en la base de clientes	1	1	3	5	M
Crear alianzas externas	Planeación	1 de sep.	1 de agosto	1 de julio	-

El Infoman examinó el informe y se puso a escribir durante unos instantes en su portátil. Luego, mostró el resultado a Brian y a Tom.

SUPERVISIÓN DEL PROGRESO PARA BRIAN SCOTT
Semana que termina el 24 de febrero

¡Usted ha alcanzado su meta, felicitaciones!

Factores Críticos de Éxito	Estatus	Meta Satisfactoria
Plan de reorganización	Terminado	30 de marzo

Usted tiene problemas: ¡Piense en soluciones creativas!

Factores Críticos de Éxito	Estatus	Nivel Mín/Máx
Precio por acción	20	25
Razón de endeudamiento	0,9	0,7
Coeficiente de liquidez	1,2	1,7
% cuota de mercado	10	12
EVA (millones de $) Valor económico añadido	-0,5	5

—Has alcanzado tu nivel de meta satisfactorio en el plan de reorganización. Esa es una buena noticia. La mala noticia es que cinco de tus factores críticos se encuentran por debajo de sus niveles mínimos. Pero en tu caso, sabemos que refleja la situación de XCorp.

—Admito que tenemos problemas en XCorp. Ciertamente tendremos que ser creativos para enfrentarlos —dijo Brian.

El Infoman se dirigió a Tom y le sugirió: —¿Por qué no tratas de construir tu propio Informe de Retroalimentación con base en tu Informe de Enfoque?

—De acuerdo —dijo Tom. Diseñó una página con la estructura de un Informe de Retroalimentación. Acto seguido, examinó cada uno de sus Factores Críticos de Éxito en su Informe de Enfoque comparándolo con los dos niveles de meta.

Al terminar, tenía tres ítems en la parte superior y tres en la inferior. La pantalla se veía así:

SUPERVISIÓN DEL PROGRESO PARA TOM BROWN
Semana que termina el 24 de febrero

¡Usted ha alcanzado su meta, felicitaciones!

Factores Críticos de Éxito	Estatus	Meta Satisfactoria
% de desviación del presupuesto de austeridad	4	6
Proyecto de automatización fase I	Terminado	15 de abril
% de eficiencia global	90	88

Usted tiene problemas: ¡piense en soluciones creativas!

Factores Críticos de Éxito	Estatus	Nivel Mín/Máx
% de envíos que superan los parámetros de calidad y llegan completos y a tiempo	45	60
% de plantas que mejoran los costos por unidad del principal competidor	5	20
% de plantas con ajustes de inventario < 1%	65	70

—Bien, veamos tu informe —dijo el Infoman—. ¡Excelente! Tienes tres positivos. Deberías alegrarte. Apuesto a que no te habías dado cuenta de estos logros antes de hacer este ejercicio, a pesar de que tenías toda la información frente a ti.

—Debo admitir que no me había tomado el tiempo para mirar lo que estaba haciendo bien —dijo Tom.

—Eso es tan importante como mirar lo negativo —comentó el Infoman—. Porque si pasas por alto las buenas noticias, entonces estas no se pueden mantener.

> *Si pasas por alto*
>
> *el buen desempeño,*
>
> *este no podrá mantenerse*

—Ahora miremos las malas noticias: tienes tres factores que están por debajo de su nivel mínimo. Esta es buena información. Y ahora que has sido alertado, ¿qué vas a hacer?

—Bueno, debo crear un plan de acción, ¡pronto! —dijo Tom.

—Quisiera señalar —dijo el Infoman— que a pesar de que muchos gerentes realizan los planes de acción ellos mismos, resulta mucho más efectivo involucrar a tus colaboradores directos en el proceso. La solución creativa a los problemas, que surge de la consulta en grupo, te ayudará a mejorar estos números.

—¡Buen punto! —asintió Brian.

—De acuerdo, sigamos. Hay dos columnas más que debemos añadir en el Informe de Retroalimentación: una es el número de períodos consecutivos y la otra es la tendencia. El número de períodos consecutivos indica durante cuántos períodos el estatus de un determinado factor ha permanecido en una de estas zonas.

—¿Qué quieres decir con lo de períodos? —preguntó Tom.

—Dependiendo de la frecuencia del Informe de Enfoque, períodos consecutivos puede significar semanas o meses seguidos.

—Como ejemplo, tomemos uno de tus factores positivos, porcentaje de Variación *vs* Presupuesto de austeridad —dijo el Infoman a Tom—. ¿Durante cuántos períodos consecutivos ha estado este factor por encima del nivel satisfactorio?

Tom pensó por un momento y luego respondió: —Creo que tres meses.

El Infoman creó una nueva columna e introdujo ese valor. Revisaron luego los otros factores y Tom dio los números para cada uno.

—Sé que esto es un estimado, y puedes revisar la precisión de las cifras más tarde, pero es útil como ejemplo —dijo el Infoman.

—La columna final en el Informe de Retroalimentación es la de Tendencia. Para obtener este número, solo debes transferirlo de tu Informe de Enfoque. Ahora ya has producido tu Informe de Retroalimentación. Echémosle un vistazo (véase gráfico de la página siguiente).

—¡Esto es excelente! —exclamó Tom.

Mientras revisaba el reporte, Tom detectó lo que pensó que parecía ser una discrepancia. —¿Cómo puedo tener un problema en el porcentaje de plantas que superan el costo unitario del principal competidor si la tendencia es buena? —preguntó.

—Buena pregunta —respondió el Infoman—. Eso puede pasar. A pesar de que tu desempeño sigue siendo peor que el nivel mínimo, te estás moviendo en la dirección correcta, y eso es bueno saberlo.

El Infoman se volvió hacia Brian: —Todo tu personal puede empezar a utilizar estos informes tan pronto como hayan definido sus factores críticos de éxito y sus metas. Luego deberán enfocarse en sus contribuciones únicas y recibirán retroalimentación periódica sobre su desempeño. Esta es una gran herramienta para autogestionarse.

Brian respondió: —Me doy cuenta del valor de estos informes. Harán una gran diferencia. Gracias, Infoman, por ayudarnos, aún sin conocer del todo nuestra empresa.

—Con gusto —dijo el Infoman—. Por supuesto que también me encantaría conocer bien la empresa. Pero los conceptos funcionan en cualquier organización.

INFORME DE RETROALIMENTACIÓN PARA TOM BROWN
Semana que termina el 24 de febrero

¡Usted ha alcanzado su meta, felicitaciones!

Factores críticos de éxito	Estatus	Meta Satisfactoria	Períodos consecutivos	Tendencia
% de desviación del presupuesto de austeridad	4	6	3	B
Proyecto de automatización fase I	Adelanta-do	15 de abril	-	-
% de eficiencia global	90	88	-	-

Usted tiene problemas: ¡piense en soluciones creativas!

Factores críticos de éxito	Estatus	Meta satisfactoria	Períodos consecutivos	Tendencia
% de envíos que superan los parámetros de calidad y llegan completos y a tiempo	45	60	5	B
% de plantas que mejoran los costos por unidad del principal competidor	5	20	4	B
% de plantas con ajustes de inventario < 1%	65	70	1	M

—Tal vez quieras conocer algunas de nuestras instalaciones para que tengas una idea de lo que hacemos —dijo Brian—. Así estos informes tendrán más significado. Tom podría coordinar las visitas.

—Gracias —dijo el Infoman—. Con gusto iré a visitar un par de plantas. La próxima vez, compartiré con ustedes los conceptos del tercer informe de una página. Si se han interesado tanto en los Informes de Enfoque y de Retroalimentación, con el Informe de Gestión sí que se van a entusiasmar.

Parte II

AUTOGESTIÓN

## CAPÍTULO 9

Comenzando de nuevo

Era viernes en la tarde. Arnold Turner, operador de maquinaria en la planta de fabricación de alambre de XCorp situada en Kansas City, se encontraba en problemas. Hacía grandes esfuerzos por terminar su última hora de trabajo.

Arnold, empleado de XCorp durante diez años, era una persona inteligente y enérgica, pero se encontraba fuera de foco y aburrido con su trabajo. Hoy había sido un mal día. El nuevo supervisor le había echado en cara la mala calidad de los rollos de alambre que recientemente habían sido devueltos por un cliente. Y lo había amenazado con despedirlo.

Arnold comprobó que el reloj se acercaba lentamente a las 5 de la tarde. Suspiró, apagó las máquinas, tomó su lonchera, introdujo su tarjeta de entrada y salida y le dio una patada a la puerta cuando salía.

Abordó el bus de regreso a su casa y se dejó caer en un asiento de atrás. Al mirar por la ventana observó el pavimento mojado. Lluvia, —murmuró. Lógico. Arnold no podía deshacerse de la sensación de ansiedad que le había dejado el encuentro con su jefe. Su anterior supervisor era mejor persona. Entendía cómo era el trabajar con operarios. Se vestía como ellos, comía con ellos y no se daba aires como este tipo nuevo. "Qué payaso", pensó Arnold. Se pone ropa elegante para supervisar trabajadores del alambre. ¿En dónde cree que está? ¿Creerá que está en una oficina corporativa? Y hablando de corporaciones, ¿quién será este personaje que acaba de subir al bus?

Arnold observó cómo aquel hombre alto y de aspecto distinguido se abría paso a través del pasillo atestado de trabajadores, algunos encorvados en sus asientos, otros escuchando la radio, otros hablando en medio del estrépito reinante. El hombre se destacaba, no tanto por la ropa que llevaba como por su porte erguido, su energía y la autoconfianza que emanaba. Arnold dirigió su mirada tras el cristal. "Con tal de que no se le ocurra sentarse cerca", pensó.

El desconocido recién había terminado una reunión con el administrador de la planta XCorp en la cual se había puesto sobre la mesa el futuro de la fábrica. Debido a serios problemas que habían tenido en relación a la calidad y a la productividad, el vicepresidente a cargo de la fabricación había planificado cerrar esta planta en el lapso de 6 meses.

El hombre había decidido tomar el bus para así tener alguna noción de cómo estaba la moral de los trabajadores de la planta. Tal vez este hombre podría darle buenas pistas.

—Te ves deprimido. ¿Tuviste un mal día?

—¿Y a usted qué le importa? —dijo bruscamente Arnold.

—¿Será que, por casualidad, trabajas para XCorp?

—Sí, ¿y qué?

—He estado conversando con algunos empleados de XCorp para poder entender mejor cómo funciona la compañía. ¿Te molesta si te hago un par de preguntas?

"No lo puedo creer", pensó Arnold. "Nos siguen a la casa y nos espían". Tenía la desagradable sensación de que este encuentro estaba relacionado con su nuevo jefe.

El desconocido percibió su incomodidad. —No te preocupes —sonrió de una forma que inspiraba confianza—.

Cualquier cosa que digas quedará entre nosotros. Tal vez puedas contarme algunas cosas que me permitan hacer cambios positivos en tu situación de trabajo.

—Parece que estuvieras bastante desanimado después de una larga y dura semana —prosiguió—. ¿Te ocurrió hoy algo en particular, o así te sientes usualmente un viernes?

Arnold pensó qué decir. Se acordaba de aquellos días en otra época, cuando no se sentía agotado al terminar la semana.

—No creo que me sintiera así cuando recién empecé. Últimamente hemos vivido algunos cambios que no han funcionado para mí. Tengo un jefe nuevo que me echa la culpa siempre que ocurre algún inconveniente.

Arnold le dio un vistazo al hombre. Lo estaba escuchando con atención.

Sintiéndose animado, continuó: —Tal vez esté aburrido de mi trabajo. Llevo diez años trabajando en esta compañía haciendo la misma cosa, marcando mi tarjeta todos los días. He aguantado porque tengo una familia para alimentar. Cada vez que se presenta una nueva oportunidad en esta empresa, no me tienen en cuenta. Ahora tengo un supervisor nuevo, una persona que trajeron de otra empresa. Cada vez que hay un problema en la planta, él me culpa. Yo sé que va a encontrar alguna excusa para despedirme. Quizás sería mejor que renunciara antes de que me eche.

El desconocido quedó impactado por la negatividad de aquel hombre sentado a su lado. "Si esta es la actitud usual de los operarios, esta planta tiene serios problemas de moral", pensó.

—Permíteme poner en claro algunas cosas a ver si entiendo tu situación —dijo—. Has trabajado en esta compañía por mucho tiempo, en el mismo cargo, pero en una posición estable hasta ahora. Empiezas a tener la sensación de que no solamente te has sacrificado en una posición que no te representa ningún reto, sino que ahora estás en riesgo de que te den un puntapié y te saquen y de esta forma cubrir la incompetencia de alguien que, para empezar, ni siquiera debería ser tu jefe.

Arnold asintió. "Caramba, este tipo las agarra rápido", pensó para sí mismo.

—Puedo entender tu frustración —prosiguió el hombre—. No te culpo porque te sientas aburrido haciendo el mismo trabajo durante diez años. Una de dos, o mejoran las circunstancias de tu trabajo o cambias de empleo. Con tu inteligencia, estoy seguro de que te mereces algo mejor.

—Y además —prosiguió— no estás solo. En este mismo instante, personas que trabajan en todo tipo de empleos, en todos los niveles, y en toda clase de organizaciones, experimentan los mismos sentimientos y están en situaciones similares.

El desconocido había tocado una fibra sensible. Sin darse cuenta, Arnold comenzó a enderezarse y a escuchar con atención.

—Lo que tienes que hacer es muy simple —continuó el hombre—. Comenzar de nuevo.

Arnold estaba sorprendido.

En cierto modo esperaba una mejor respuesta de este hombre.

—Ya se me había ocurrido comenzar de nuevo. Pero el problema es que perdería todos mis beneficios. Por ejemplo, he utilizado el deducible de mi seguro para este año. Si ahora alguien de la familia se enferma, es el seguro el que realmente lo pagará. Con un trabajo nuevo tendría que volver a comenzar de cero. Arnold se dio la vuelta.

—Conseguir otro trabajo es una posibilidad —exclamó el hombre—. Sin embargo, a lo que me refiero es a comenzar de nuevo en tu actual trabajo.

—Déjame decirte algo, y quiero que de verdad lo creas —continuó—. Tú tienes el poder para cambiar tu condición. Ven, permíteme que te lo escriba. Quiero que lo recuerdes.

El hombre buscó a su alrededor un pedazo de papel, y al no encontrar ninguno sacó una tarjeta de presentación.

—Voy a escribírtelo en mi tarjeta de presentación. Vuelve a mirarla esta noche.

> *Está en tus manos*
>
> *cambiar tu situación*

—Mañana por la mañana —continuó el hombre— te invito a tomarnos un café. Tengo un par de buenas ideas que necesitas escuchar. —Notó que Arnold dudaba—. Y no te preocupes, esto no te va a costar nada. Me paga la misma empresa para la que trabajas.

Arnold sonrió. Tomó la tarjeta y leyó el mensaje positivo. Sin embargo, no sentía que él fuera capaz de realizar cambios. Le dio la vuelta a la tarjeta. Su sonrisa se desvaneció al momento de leer "El Infoman" impreso en elegantes letras. ¿Esto es una broma?, se preguntó.

—No te preocupes por mi título —respondió el Infoman con una sonrisa tranquilizadora—. Lo uso porque creo en el poder de la información.

—Tiene sentido, supongo —respondió Arnold. Miró por la ventana—. Si no empiezo a salir, se me va a pasar mi parada. ¿Dónde quieres reunirte mañana?

—En el Hotel Intercontinental, a las 8 am.

—Está bien, nos vemos mañana por la mañana —dijo Arnold avanzando de prisa por el pasillo. No supo identificar la causa pero sintió un repentino estallido de energía.

En el autobús, el Infoman suspiraba con alivio. "Caramba, esa estuvo buena. Este sujeto va a ser un desafío" —pensó—. Si puedo ayudarle a darle un vuelco a sus cosas, podría tener la llave para la productividad de esta planta.

¿No sería genial si un día su nombre apareciera en el Informe de Gestión de Brian Scott? Vaya, ni siquiera tengo su nombre. Ojalá aparezca mañana.

El Infoman se acomodó, estiró las piernas y observó a la gente bajar del autobús. Él siguió dentro del bus e hizo la ruta completa para recoger su auto. El viaje había valido la pena. Sentía que había obtenido información valiosa, y si había algo en lo que creyera el Infoman, era en el poder de la información.

Arnold caminó a casa sin dejar de pensar en el encuentro con el Infoman y preguntándose si era posible cambiar su situación. Se sintió avergonzado al darse cuenta de la cantidad de cosas que le había dicho a un completo desconocido acerca de sí mismo. Sin embargo, había algo en ese hombre que lo había hecho sentir cómodo.

"Bueno" —pensó, —"no pasa nada". No le dije mi nombre y supongo que no estoy obligado a verlo nuevamente. Si no aparezco mañana, él no tiene forma de encontrarme.

Sus pasos se aceleraron al recordar que era viernes. No solamente era viernes, sino que era el tercer viernes del mes. Esta era la noche en que la mamá de María recogía a los niños en la guardería y los traía de regreso más tarde en la noche. El año anterior habían hecho ese arreglo después de darse cuenta de que no pasaban ningún tiempo solos. Para la mamá de María también era bueno este arreglo. Le encantaba ser útil y a los niños les encantaba ir a casa de la abuela y que los consintieran un poquito.

Arnold entró en el pequeño apartamento. Las pocas habitaciones del lugar no estaban muy amuebladas pero eran pulcras y ordenadas. Silbó mientras entraba en el cuarto de baño para ducharse y cambiarse. Sí que había cambiado su estado anímico desde que había salido de la fábrica.

"¡Aquel tipo en el bus!", pensó Arnold. "¡Qué experiencia tan extraña! ¿Cómo era que se había llamado a sí mismo? ¿El hombre de la información? Ese tipo tenía algo."

Arnold se vistió y sacó su billetera. Tomó la tarjeta de presentación. *Está en tus manos cambiar tu situación.* Decidió guardar la tarjeta y mostrársela a María.

María todavía estaba en el banco donde trabajaba como cajera. Recontaba pacientemente el dinero captado durante el día. ¿Por qué será que siempre los viernes en las tardes algún cajero descuidado comete un error grave?, se preguntó. Este sí que fue grande, un faltante por 1,002 dólares y 73 centavos. "¿Cómo es que alguien tiene ese faltante y no se da cuenta?", pensó. Tomó su largo y oscuro cabello negro y lo ató con un pasador. De todas formas, iba a encontrar el error, como usualmente lo hacía.

Rara vez era ella la del error. María tenía una habilidad especial con los números. Disfrutaba asegurándose de que todo cuadrara exactamente. Le encantaba ver cómo los números se ordenaban cuidadosamente por columnas.

A María le había ido bien en matemáticas en el bachillerato y se había especializado en contabilidad cuando ingresó en la universidad. A menudo se acordaba de los sueños que tenía en la universidad. Les había parecido una idea muy buena casarse antes de entrar en la universidad. No habían planeado tener un hijo tan pronto. El primer embarazo les cambió todos los planes. María había dejado la universidad después de un semestre y Arnold había abandonado sus estudios de bachillerato. Ahora, diez años después, habían tenido tres hijos y ella apenas tenía veintiocho años. Y parecía aún menor. De hecho, hacía solo un par de días, su jefe, el señor Dalton, había mencionado lo joven que parecía. "El señor Dalton, qué tipo tan atractivo e inteligente. Eh, Arnold también es inteligente", pensó ella, a la defensiva. Pero no es el tipo de inteligencia del señor Dalton. "El señor Dalton siempre está tan elegante, tiene un aire sofisticado y de ambición". Desde que lo ascendieron a un cargo directivo había estado trabajando duro para mejorar las cosas en el banco. Estaba decidido a lograr que esta sucursal fuera la mejor y la más rentable de toda la ciudad.

Ajá, eso era. El error estaba en la pila de transacciones de Evelyn, como ya era usual.

Una hora después, María llegaba al estacionamiento del restaurante italiano. Arnold había insistido en que ella fuera la que manejara su único auto. Estaba viejo pero todavía funcionaba. Le parecía preferible que fuera él quien viajara en autobús. Pensar en lo bondadoso que era Arnold hizo que María se sintiera culpable por siquiera haber estado pensando en el señor Dalton. Sin embargo, ella quería que Arnold pudiera ser un poco más, más en algo. ¿Qué era lo que le faltaba? Arnold era básicamente una persona afable, era cariñoso y tranquilo. Tal vez lo que podía faltarle era ambición o determinación. No estaba segura al respecto. Quería que su marido se sintiera más exitoso y realizado en su trabajo. Quería tener un hogar de verdad en el cual poder criar a sus hijos y no ese apartamento tan estrecho. Él ya había llegado y estaba afuera del restaurante esperándola.

María sintió que le subía una oleada de amor al verlo allí. ¡Tal vez no fuera tan ambicioso, pero no había duda de que era muy buen mozo.

Arnold le abrió la puerta del auto a María y ya una vez dentro del restaurante, los ubicaron en un rincón tranquilo. El dueño ya había visto con anterioridad a esta pareja y sabía que les gustaba estar solos para conversar. Durante la cena, María habló de pequeños acontecimientos que habían tenido lugar ese día en el banco. En el momento en que llegaban con el café, ella se dirigió a Arnold y le preguntó: —Cuéntame de tu día. ¿Cómo te fue en la fábrica?

Arnold pensó en su día y en el malhumor en el que estaba al momento de subir al autobús. —Mi día no fue tan maravilloso, cariño —respondió—. ¿Te acuerdas que te dije que habían contratado a un nuevo supervisor para remplazar a Charlie? Bien, este tipo es un verdadero imbécil. No tiene idea de lo que está haciendo. De hecho estoy pensando en que podría hacer un cambio.

—¿Qué clase de cambio? —inmediatamente María se puso alerta—. ¿No estarás en riesgo de perder tu trabajo, o sí?

—Para ser sinceros, no lo sé. De pronto estoy pensando que voy a ser despedido por culpa de la estupidez de este tipo y un minuto después pienso que voy a morirme de aburrimiento. De hecho, estaba bastante deprimido hoy hasta que… —su voz se apagó.

—¿Hasta qué?

—Bueno, hasta que conocí a un hombre en el autobús.

—¿Conociste a un hombre en el autobús? ¿Estás bromeando, cierto? —preguntó ella.

—Es verdad. Fue todo muy extraño. Este hombre bien vestido entró en el autobús repleto de tipos que son de mi turno. Ya sabes, el grupo de siempre, hablando de las cosas que van a hacer durante el fin de semana. Bueno, pues él caminó por el pasillo, y recto como una flecha, se dirigió hacia el asiento que estaba a mi lado.

—¿Y qué dijo? —le inquirió ella.

—Empezó a decirme lo deprimido que me veía. Yo estaba desanimado porque mi jefe me estaba culpando de todo lo malo que había pasado cuando en realidad no era mi culpa. Al principio me dieron muchas ganas de decirle a ese hombre que se marchara. Pero luego…

—¿Pero luego qué?

—Luego dijo que había sido contratado por la corporación, por alguien que tenía un alto cargo. Estaba interesado por saber de mi situación y cómo me sentía en relación con el trabajo y con todo. Tenía una forma tal de escucharte que se me hacía fácil hablarle. De cualquier forma, le dije más de lo que debería haberle dicho sobre mi trabajo. Pero no tengo que volver a verlo.

—¿Y por qué tendrías que verlo nuevamente? —preguntó María.

—Bueno, ¡me invitó a que nos reuniéramos mañana por la mañana en el Hotel Intercontinental!

—¿Y por qué diablos quiere verte de nuevo? ¿De qué se trata todo este asunto?

Arnold sacó de su billetera la tarjeta de presentación del desconocido y se la mostró a María. Ella leyó la frase, le dio la vuelta y observó el cargo: "El Infoman".

—Es una de las cosas más extrañas que haya escuchado —dijo María—. ¿Es real este hombre? ¿Cuál puede ser la razón por la que te esté buscando? No estoy segura si todo esto es algo para asustarse o para emocionarse. ¿Qué piensas hacer?

—Primero, iba a botar la tarjeta —contestó Arnold—. Luego pensé que valía la pena mostrártela. Dime, ¿qué te parece?

Ambos se sentaron en silencio pensando en este extraño encuentro. María habló primero.

—¿Sabes algo, Arnold? Hoy estaba pensando en todo lo que sacrificaste cuando te casaste conmigo.

Arnold iba a comenzar a protestar pero María le interrumpió y le dijo: —No, escucha, lo digo en serio. Eres una persona inteligente. Ciertamente tus metas eran más grandes que trabajar en una línea de producción. Ese trabajo está bien para un tiempo, pero después de diez años debe ser una tarea muy aburrida. Yo misma a veces me aburro en el trabajo y me enojo cuando tengo que cubrir los errores de otras personas. He notado que últimamente te deprimes con más frecuencia. Tal vez lo que te molesta es que te sientes atrapado en tu trabajo y necesitas sentir que puedes hacer un cambio. Al igual que lo que dice esta tarjeta.

Arnold estaba estupefacto. Siempre había supuesto que María era la clase de persona a la que le gustaba que las cosas siguieran exactamente igual. Sabía que a ella le gustaban el orden y la seguridad. Todo tenía que estar organizado y en su lugar. Y sin embargo, aquí estaba María hablando de cambiar, desenfadadamente, como si no fuera algo de importancia.

—¿No piensas que hay un enorme riesgo implícito en el cambio? —le preguntó a ella con la esperanza de que estuviera de acuerdo.

—Sí, puede ser riesgoso, pero también puede significar una recompensa y una oportunidad. No quiero que envejezcas conmigo pensando que renunciaste a tus oportunidades. Este Infoman pareciera ser una extraña forma de oportunidad. Me parece que deberías ir y averiguar qué es lo que tiene para decirte.

Arnold no sabía por qué, pero se sentía incómodo con las palabras de María. Había esperado que ella reaccionara de forma diferente. De hecho, le había mostrado la tarjeta sobre todo porque estaba seguro de que iba a desalentarlo. Y ahora, era ella la que le animaba a que fuera a encontrarse con el Infoman.

María no cambió su opinión. Cuando se iban a acostar esa noche, programó la alarma de él. "Quizás esto sea lo que necesitamos", pensó. Tal vez Arnold podría llegar a ser igual de brillante y ambicioso que el señor Dalton.

Con esta idea en la cabeza, se dio la vuelta y se sumergió en un sueño profundo.

## CAPÍTULO 10

Involucrándose plenamente

Era el amor que tenía por María el que le había hecho encaminarse hacia el centro de la ciudad ese sábado a las 7:30 am. Estaba lleno de aprensión y una extraña sensación de ansiedad. Nunca había estado en el Hotel Intercontinental. Con el salario que ganaba no era la clase de lugar en el que compraría algo, ni siquiera una taza de café. Esperaba que este Infoman tuviera entre sus planes pagar la cuenta. Qué ridículo le parecía todo. ¿Por qué no estaba acurrucado junto a su esposa, disfrutando de un sueño tranquilo y reparador? Se estacionó a varias cuadras del hotel en un lote vacío de tal forma que no tuviera que pagar por el estacionamiento. A medida que se aproximaba a la puerta se sentía intimidado y consciente de sí mismo.

¿Qué tiene un hombre en uniforme que te abre la puerta que logra que te sientas cohibido?, pensaba para sus adentros.

"Él debería ser quien se sintiera llamativo". Pensar en eso le hizo reír y cruzó la puerta de entrada del hotel.

Al interior del enorme vestíbulo había una cafetería y un salón. De inmediato descubrió al Infoman. Estaba sentado en una mesa, leyendo el periódico. Se veía relajado y amigable.

"Bueno, aquí vamos, no tengo nada que perder", pensó Arnold al momento de avanzar en su dirección.

El Infoman vio a Arnold y de inmediato se levantó para saludarlo. —¡Vaya, después de todo sí viniste! —exclamó—. Estoy muy contento de verte. Ayer, después de que te bajaste del autobús me di cuenta que se me había olvidado preguntarte el nombre. Si no hubieras aparecido hoy, habría sido todo un lío volver a encontrarte.

Arnold sonrió y extendió la mano. —Mi nombre es Arnold Turner —dijo.

—Bien, gusto en conocerte, Arnold Turner. ¿Qué quieres de desayuno? ¿Has probado alguna vez waffles belgas con fresas y crema batida? Entiendo que es una especialidad de este hotel.

—Por mí, está muy bien.

El Infoman llamó al camarero y ordenó. Arnold se dio cuenta lo meticuloso que era para hacer el pedido.

—Tráenos jugo de naranja recién exprimido, dos cafés recién colados y waffles belgas con fresas y bastante crema batida, pero a un lado, por favor.

Se volvió hacia Arnold: —Siempre doy órdenes muy específicas. Nunca puedes asumir de entrada que te darán cosas de calidad, ni siquiera en un hotel tan bonito como este. Es importante que las personas sepan con exactitud lo que quieres de ellas y darles información específica.

—Ahora, hablemos de ti —continuó el Infoman—. La última vez que nos vimos estábamos hablando de comenzar de nuevo. ¿Has pensado un poco más acerca de esta conversación?

—En realidad no, no he tenido mucho tiempo. Aunque se lo conté a mi esposa.

—¡Genial! ¿Y ella que piensa?

—No estoy seguro. Reaccionó muy diferente a como me lo había imaginado. María es una persona muy cuidadosa. Sin embargo, me animó a venir hoy aquí e investigar.

Me parece que sintió que el hablar contigo podría ser una verdadera oportunidad para cambiar mi situación actual. Recién empiezo a descubrir que el éxito es algo muy importante para María.

—El éxito es algo muy importante para la mayoría de las personas, a pesar de que no sean muy conscientes de ello. ¿No es el éxito algo importante para ti?

Arnold vaciló: —No estoy muy seguro de qué entiendes tú por éxito. Si te refieres a que uno es exitoso si tiene un montón de dinero, entonces no soy exitoso.

La conversación fue interrumpida por la presencia del camarero que les traía el desayuno en una gran bandeja de plata.

Arnold seguía pensando en el último comentario. Continuó: —Estoy felizmente casado, tengo tres hijos, y buenos amigos dentro de la fábrica. Por lo tanto, si tomamos estos puntos, sí podría decirse que soy exitoso. Solía creer que también era bueno en mi trabajo, pero supongo que me estaba engañando a mí mismo.

—¿Por qué dices eso?

—Porque mi trabajo no es una labor muy complicada. Después de un par de semanas, cualquiera puede hacerlo. Por lo tanto, no puedo decir que podamos hablar aquí de una historia de mucho éxito. Sin embargo, no he tenido éxito al momento de ascender en la empresa. Por alguna razón, nunca me tienen en cuenta a la hora de los ascensos. El caso es que nunca me han dado una oportunidad. Estoy ganando un salario que está bien, aunque creo que no me pagan lo suficiente. La verdad es que necesitamos dinero extra.

—¿De dónde crees que va a salir todo ese dinero extra? —preguntó el Infoman.

Arnold se sorprendió con la pregunta. —De la empresa, por supuesto.

—¿Y por qué tu empresa querría pagarte más dinero? Supón que tú fueras el empleador. ¿Cuál sería la razón por la que tú estarías dispuesto a pagarle más dinero a un empleado?

Arnold estaba perplejo.

—Permíteme sugerirte una respuesta —continuó el Infoman—. El empleador está dispuesto a darle más dinero al empleado si ese empleado le añade más valor a la compañía que el salario y los beneficios que recibe. Verás, el empleador nunca quiere perder a un buen empleado. Así que, a menos que se vea impedido de hacerlo por políticas de compensación, pagará más en lugar de arriesgarse a perder un recurso valioso. Ahora dime: ¿Crees que le estás ayudando a XCorp a ganar más dinero que el salario que ellos te pagan?

—No sé cuánto dinero le ayudo a hacer a la compañía. Hago un trabajo que debe hacerse. ¿Tendría que saber cuánto dinero consiguen ellos por todo el alambre que yo manufacturo?

—Ese es un buen punto de partida, pero puede funcionar mejor si miras el valor que tú añades de una forma diferente. La manera de saber que estás incrementando tu verdadero valor para la compañía es enfocar tu energía en las cosas que tu empleador o tu jefe definen como importantes. ¿Hay algo en particular que creas que a tu jefe le parece lo más importante del trabajo que haces?

—Mi jefe es nuevo y no estoy seguro de que él sepa de lo que está hablando. Pero siempre está mencionando dos cosas. Primero, siempre se está quejando sobre la eficiencia. El dice que la eficiencia de mi línea de producción es baja. En segundo lugar, y esto fue lo que ocurrió ayer, estaba realmente enojado por la calidad del alambre que habíamos producido.

—Entonces comienza a medir el valor añadido a tu trabajo midiendo la eficiencia y la calidad —dijo el Infoman.

—Si son excelentes —añadió— sabrás que le estás agregando valor a la compañía y te mereces el salario que te están pagando.

—¿Qué pasa si quiero ganar más dinero?

—Necesitas demostrar que tu valor añadido es mayor a tu salario, que mereces un ascenso, un aumento de sueldo, o ambos —dijo el Infoman.

—¿Cómo puedo hacer eso? —preguntó Arnold.

> *Enfoca tu energía*
>
> *en lo que tu empleador o jefe*
>
> *considera importante*

—Si alcanzas el máximo rendimiento en tu trabajo actual y le muestras a tu jefe que tienes la capacidad de hacerte cargo de una mayor responsabilidad, es probable que obtengas tanto un ascenso como un aumento de tu salario. La clave para que obtengas un salario más alto es el desempeño.

Arnold estaba sorprendido de la verdad tan sencilla contenida en esa frase. ¿De qué manera podía mostrarle al jefe sus capacidades? Esto quizás se traduciría en hacer cambios en la forma en que estaba haciendo su trabajo. ¿Pero qué era lo que debía cambiar?

El Infoman prosiguió. —He desarrollado un proceso para ayudar a las personas a que comiencen de nuevo en sus propios trabajos. Si te interesa ponerlo en práctica, podemos seguir todo el proceso y aplicarlo a tu trabajo. El resultado final bien podría conducir a tu ascenso.

—¿Cuando dices proceso, a qué te estás refiriendo? —preguntó Arnold—. ¿Qué tan complicado es y qué se esperaría que yo haga?

—¡No te preocupes! —dijo el Infoman sonriente—. Nada que sea extremo o peligroso. Trabajarías en todo el proceso con mi ayuda. Parte de esto implica definición. Parte implica acción. En todo se aplica el sentido común. Este proceso puede ser aplicado a cualquier clase de trabajo en cualquier nivel. Lo he utilizado en muchas organizaciones y en muchos países. Le ha ayudado a personas en todos los niveles, desde directores generales hasta mandos intermedios, cajeros, supervisores, y de allí hasta llegar a los cargos inferiores.

—Mi esposa es cajera de un banco. Quizás ella también pueda hacer este proceso.

—Estoy seguro que sí. He trabajado con varios bancos y funciona muy bien en ese entorno.

—Bueno, estoy interesado en hacer más dinero —respondió Arnold— y estoy interesado en este proceso si no me cuesta dinero. ¿Por qué no?

—No te va a costar nada y me parece que estás tomando la decisión correcta. Pidámosle al camarero que nos limpie la mesa y empezamos a trabajar. ¿Tienes una hora más?

—Seguro. Dudo que María ya se haya levantado —contestó Arnold.

—Te he traído un bloc de notas. Sugiero que lo uses a medida que vamos trabajando con cada elemento. De esta manera tendrás a tu alcance una forma sencilla de revisar las ideas y llenar los diagramas que vas a tener.

—Suena bien —dijo Arnold. Se sentía relajado después de ese gran desayuno. Usualmente, comía a la carrera, tratando de tener a los niños listos para ir al colegio o corriendo para tomar el autobús. Disfrutaba el estar sentado en este ambiente elegante y hablando con una persona interesante e inteligente, alguien que por alguna razón parecía decidido a ayudarlo a alcanzar el éxito. La mesa ya estaba despejada y Arnold listo para tomar notas.

—El nombre de este proceso es Cuatro Pasos Sencillos —dijo el Infoman—. Vamos a discutir cada uno de los pasos hasta que lo entiendas lo suficientemente bien para que puedas aplicarlo en tu trabajo.

—Está bien —dijo Arnold y escribió: Cuatro Pasos Sencillos.

—El Paso Uno —dijo el Infoman— es llegar a conocer las relaciones que son importantes para ti. Cuando digo conocer tus relaciones, me refiero a dos formas de hacerlo, primero identificándolas, y en segundo lugar llegando a conocerlas bien.

—¿Qué quieres decir con relaciones importantes? —preguntó Arnold—. ¿Puede ser mi esposa una de esas relaciones?

—Podría ser —se rió el Infoman—. En realidad, este proceso puede aplicarse a cualquier aspecto de tu vida. Pero en este momento estamos concentrados en tu trabajo, así que vamos a examinar tus relaciones en el trabajo.

—Realmente no tengo ninguna —contestó Arnold—. Mi trabajo es de esos que haces todo solo, únicamente la máquina y yo. Supongo que por eso se vuelve tan aburrido.

—Te tengo una relación —sugirió el Infoman—. La persona o la empresa que te contrató. Pensamos en la empresa como el empleador. Los empleadores tienen ciertas expectativas. Es por eso que tienen su propia categoría. Otra relación importante es tu jefe. Tu jefe puede ser tu mismo empleador. Sin embargo, en una empresa grande, suelen ser diferentes. Un jefe tiene unas expectativas únicas sobre ti. También tienes otras dos relaciones importantes en tu trabajo y te apuesto a que no has pensado en ellas.

—¿Dos más? ¿Te refieres a mis amigos?

—Estaría bien que fueran tus amigos, y si quieres tener éxito, los vas a hacer tus amigos. Las otras dos relaciones que tienes son tus proveedores y tus clientes. Vamos a empezar identificando a algunos de tus proveedores. Haz una columna y llámala Proveedores.

Así lo hizo Arnold.

—Ahora, piensa en lo que necesitas para que puedas hacer tu trabajo.

Arnold no entendía lo que el Infoman quería decirle.

—No comprendo —dijo.

—Si me describes tu trabajo, podemos averiguar quiénes son tus proveedores.

—Muy bien —dijo Arnold—. Manejo seis hornos en el área de esmaltado de esta planta —comenzó diciendo—. Primero voy a la pila de rollos que el operador de montacargas ha descargado. Pongo rollos de alambre sin terminar en la máquina junto a cada horno. Dirijo los extremos de cada alambre en los hornos y luego todo el alambre. Luego, envuelvo los extremos alrededor de rollos vacíos en la máquina de acabados. Cuando la máquina de acabados está encendida los rollos giran y el alambre pasa a través del horno y recibe una capa caliente de esmalte. El cable terminado se desplaza en el aire permitiendo de esta forma que se seque el esmalte, hasta que alcanza el segundo rollo. A medida que cada rollo se va llenando, corto el alambre y pongo el rollo completo en la cinta transportadora. Ese es mi trabajo.

—¿Y luego, adónde van los rollos? —preguntó el Infoman.

—La cinta transporta el alambre terminado a la zona de control de calidad para la inspección. Los inspectores de calidad rechazan los rollos que no cumplen con las especificaciones y los envían al área de reparaciones. Los rollos que están en buenas condiciones, se envían a los clientes y se usan para construir transformadores y otras unidades eléctricas.

—Tu trabajo no suena para nada sencillo —dijo el Infoman—. Tienes que trabajar con equipo que puede ser peligroso, tienes que prestar atención todo el tiempo y tienes mucha más responsabilidad de la que piensas. Ahora dime: ¿cuáles son los suministros que te ayudan a hacer bien tu labor?

—Bueno —replicó Arnold—, para hacer mi trabajo necesito los rollos de alambre sin terminar, el esmalte, los rollos vacíos y el aceite. También necesito que los hornos estén funcionando apropiadamente.

—Las personas que te proporcionan estas cosas son tus proveedores. Ellos te proveen de todo lo que necesitas para hacer tu trabajo. Supondría entonces que tus proveedores son el operador de la planta de alambre, el encargado de comprar el esmalte y el mecánico de mantenimiento que presta servicios a los hornos. ¿Estás de acuerdo?

Arnold comenzó a interesarse en la conversación. Por alguna razón nunca había pensado en tener alguna relación con las personas que lo proveían de las herramientas primordiales para hacer un buen trabajo.

—Me parece muy bien. ¿Y qué tal el operador del montacargas? —dijo Arnold.

—Sí, él también sería un proveedor. Ahora vamos a hacer la lista de los clientes.

—Yo ni siquiera llego a ver a los clientes —dijo Arnold—. No como lo hace María. Siendo cajera de un banco tiene bastante interacción con los clientes.

El Infoman se rió. —¡Tienes razón! Pero tengo la sensación de que estás definiendo a los clientes de una manera muy limitada. Definamos a los clientes como personas que reciben el producto de tu trabajo. ¿Quién recibe lo que tú produces?

—Bueno, yo produzco alambre. Veamos, ¿quiénes reciben el alambre? La primera persona es el encargado del control de calidad, y a veces, el técnico del laboratorio. Los rollos que presentan problemas van a las manos del operador encargado de las reparaciones. El cable de buena calidad llega hasta el cliente final. Afuera de la planta.

—¡Excelente! —exclamó el Infoman—. Has identificado correctamente a tus clientes. Los clientes son sumamente importantes para que tengas éxito. Lo que tú le proporcionas a tus clientes internos les ayudará a hacer su trabajo. Les puedes ayudar proporcionándoles el mejor producto posible. A fin de cuentas, lo que tú le proporciones a los clientes externos va a determinar qué tan exitoso eres. Y nunca te olvides que sin tus clientes, no tendrías un empleo.

> *Sin tus clientes*
>
> *no tendrías un empleo*

El Infoman continuó. —Ahora, ya deberías haber rellenado las cuatro categorías: Empleador: XCorp; Jefe: Joe Bosco; Clientes y Proveedores: tal y como acabamos de definir.

RELACIONES IMPORTANTES PARA ARNOLD TURNER

Empleador	XCorp
Jefe	Joe Bosco
Proveedor	Operador de la planta de alambre
	Encargado de comprar el esmalte
	Mecánico de mantenimiento
	Operador del montacargas
Clientes	Control de calidad
	Técnico de laboratorio
	Operador encargado de reparaciones
	Persona de ventas

—Si dispones de otros veinte minutos —dijo el Infoman— podemos repasar el segundo paso.

Arnold echó un vistazo a su reloj: 10:30. —Claro —respondió—. Les prometí a María y a los niños que iríamos al zoológico cerca de mediodía.

—Suena divertida la idea de ir al zoológico. Vamos a tratar de que nuestra conversación termine a las once. Eso te dará el tiempo suficiente para que te encuentres con María.

El segundo paso sencillo es el de definir el éxito para ti mismo desde el punto de vista de cada una de tus relaciones importantes. Observa cada una de las relaciones que has identificado y trata de imaginar qué cosa es importante en tu trabajo desde el punto de vista de ellos. Esta mañana hablamos del éxito y quedamos de acuerdo en que, desde tu punto de vista, un área importante para el éxito es el ascenso. Ahora, vamos a definir las áreas de éxito desde el punto de vista de tus relaciones. ¿Cómo definiría tu empleador el éxito para ti?

Arnold pensó por un momento y dijo:

—Definir el éxito va a ser la parte más complicada de todo. Supongo que se remonta a la idea de añadir valor, que es algo difícil de descifrar. Supongo que desde el punto de vista del que paga las cuentas, llegar a tiempo a mi trabajo puede ser importante. Si llego tarde al trabajo los hornos están encendidos pero no están siendo usados y los suministros se acumulan. Se afecta todo el proceso cuando alguien llega tarde. Supongo que por esta razón es que todos debemos marcar tarjeta, para asegurarnos que no lleguemos tarde.

—¡Excelente! —sonrió el Infoman—. La puntualidad es algo que es siempre importante para los empleadores, sobre todo porque indica tu preocupación acerca de la conservación de los recursos. Podemos definir conciencia de los costos como un área de éxito para el empleador. ¿Y tu jefe? ¿Cómo define tu jefe tu éxito?

—Mi jefe… —vaciló Arnold antes de continuar—. Ayer, a esta hora, yo habría dicho: A quién le importa lo que mi jefe quiere. Ahora pienso que debo darle una oportunidad.

El Infoman lo miró con expectativa.

—Como habíamos comentado antes, la eficiencia y la

calidad son las dos grandes áreas en las que mi jefe podría juzgar el éxito.

—Esas son dos excelentes opciones —respondió el Infoman—. Ahora, ¿cómo definirías el éxito desde el punto de vista de tus proveedores?

—Nunca había pensado en el asunto —respondió Arnold—. Supongo que si los proveedores quieren darme lo que necesito de la manera más adecuada posible, entonces si yo les digo cuáles son las necesidades va a ser de gran ayuda para ellos.

—Maravilloso. A esto podemos llamarle comunicación. Dos aspectos importantes de la comunicación con los proveedores son las especificaciones y la retroalimentación. ¿Te acuerdas cuando pedí el desayuno esta mañana? Creo que ayudas a que el proveedor tenga éxito si le das instrucciones muy específicas.

—La retroalimentación es muy importante —prosiguió el Infoman—. Si a ti te importan tus proveedores debes estar dispuesto a darles retroalimentación. Si yo llamo a una empresa y nadie responde el teléfono hasta la sexta o séptima vez que suena, siempre le digo a la operadora: Permíteme que te dé un poco de retroalimentación. Te estás demorando tanto para contestar el teléfono que tal vez puedes estar perdiendo clientes.

Si a las personas les importa la calidad del servicio, te van a escuchar y van a tomar tus comentarios de manera positiva. Pero esta retroalimentación debe darse positivamente, nunca con rabia o con ánimo de criticar.

El Infoman escribió en una hoja de papel la definición de éxito desde el punto de vista de los proveedores.

—La última categoría es la de los clientes —dijo Arnold—. Cuando pienso en las personas que reciben mi trabajo, todos parecieran estar enfocados en un aspecto y ese es la calidad. Así que supongo que definiría el éxito desde el punto de vista de mis clientes como la calidad.

—¡Con esa aciertas seguro! —exclamó el Infoman—. Ten en cuenta que acabamos de poner en la lista la calidad como un área de éxito desde el punto de vista de tu jefe. No es un problema ponerla de nuevo en la lista. Simplemente significa que esta área de éxito es importante tanto para tu jefe como para tus clientes. Mi sensación es que tu jefe se preocupa por la calidad puesto que los clientes también lo hacen.

**ÁREAS DE ÉXITO DESDE
EL PUNTO DE VISTA DE LAS RELACIONES**

Categoría	Relación	Área de éxito
Empleador	XCorp	Conciencia del costo
Jefe	Joe Bosco	Eficiencia
		Calidad del trabajo
Proveedor	Operador de la planta de alambre	Especificaciones
	Encargado de comprar el esmalte	Retroalimentación
	Mecánico de mantenimiento	
	Operador del montacargas	
Clientes	Control de calidad	Calidad del trabajo
	Técnico de laboratorio	
	Operador encargado de reparaciones	
	Persona de ventas	
	Cliente final	

El Infoman miró su reloj.

—Ya se nos está haciendo tarde. Fijemos una hora para nuestra próxima reunión y paremos aquí por hoy. ¿Qué tal si nos vemos mañana a las 6:30 pm? ¿Tienes libres un par de horas para que echemos un vistazo a los próximos dos pasos hacia el éxito de Arnold Turner?

Arnold sonrió. Usualmente pasaba las tardes de los domingos viendo televisión. —Mañana por la noche está bien. ¿Dónde nos encontramos?

—Nos podemos encontrar nuevamente en este hotel. El lunes en la mañana me reúno con algunos clientes en la sala de reuniones de aquí. Podemos usar el espacio la noche anterior. Será un lugar más tranquilo y más privado.

—Eso suena muy bien. Aquí estaré mañana a las 6:30 pm. Que tengas un buen fin de semana.

Arnold se levantó, estrechó la mano del Infoman y atravesó el vestíbulo. En esta ocasión ni siquiera reparó en el portero.

Arnold estaba lleno de energía y de entusiasmo cuando emprendió el camino al zoológico para reunirse con su familia. Tenía una nueva comprensión acerca de las relaciones con las personas de su trabajo. Estaba sorprendido de que nunca antes hubiera pensado en esto. "Algunas ideas son tan ciertas que cuando las escuchas, tienes la sensación que siempre lo habías sabido", pensó para sí mismo.

Encontró a María y a los niños cerca de los elefantes.

María estaba comiendo un cono de helado de fresa y miraba a su marido.

—¿Cómo te fue? —le preguntó.

—Muy bien. Fue divertido hablar con alguien que está tan interesado en lo que hago. Hemos empezado a entender qué relaciones son importantes para mí en mi trabajo.

—¿Y por qué hiciste eso? —preguntó María con un tono de sorpresa—. Creía que estabas intentando ser más exitoso en tu trabajo.

—El Infoman cree que las personas con las que trabajas tienen la verdadera clave para tu éxito. En el camino hacia aquí estaba pensando en este asunto y estoy empezando a entender a dónde es que él quiere llegar. Me ayudó a identificar a mis proveedores, la gente que me suministra las cosas que necesito para hacer mi trabajo. Él afirma que esas personas son esenciales para mi éxito. Nunca lo había pensado de esta forma antes. Por ejemplo, el hombre que trae los rollos de alambre usualmente los deja amontonados en una pila y no le importa si se enredan o se dañan. Nunca sentí que era responsabilidad mía el comentárselo. Pero el Infoman cree que debo dar retroalimentación a mis proveedores. Ahora, voy a aprenderme el nombre de esa persona, voy a saber más cosas sobre él y le daré retroalimentación de tal forma que pueda ser más cuidadoso con los rollos de alambre. También voy a darle información específica sobre cómo afecta a mi trabajo la forma en que él hace el suyo.

—Vaya, suena interesante —dijo María—. Pareces estar ampliando tu área de responsabilidad en el trabajo, por lo que te importa cómo llegan las cosas a ti y cómo salen de tu área, no solamente lo que les pasa cuando están a tu cargo.

—Sí, algo así. Y puedo ver claramente cómo todo esto puede mejorar mi trabajo. El Infoman dice que estas ideas aplican de igual manera para cualquier trabajo y en cualquier nivel. Pero no estoy seguro cómo aplicaría todo esto para una persona como tú, que únicamente lidia con trámites y no tiene un producto real. ¿Tú qué piensas?

—Todavía no comprendo bien todas estas ideas —respondió María—. Ni siquiera conozco a ese hombre. ¿Por qué no le pides que te dé otros ejemplos, tal vez incluso para mi trabajo? Pregúntale si esto se puede aplicar también con cajeros.

—Él dijo que había trabajado con bancos, y específicamente nombró a cajeros. Me reuniré nuevamente con él mañana en la noche. Necesitamos terminar los Cuatro Pasos Sencillos. Le voy a preguntar cómo todo esto se aplica a un trabajo como el tuyo. ¿Estarías interesada en conocer su respuesta?

—Claro que estaría interesada —respondió María—. Todo esto podría darme algunas ventajas en el banco. Me gustaría encontrar una manera en que mi trabajo sobresaliera por encima de los otros cajeros. Quiero convertirme en la cajera principal. No nos vendría mal un dinero extra.

—Caramba, claro que no —dijo Arnold—. Bueno, al menos ya no tenemos que comprarles pañales a los niños. Eso nos ahorra mucho dinero.

Se echaron a reír mientras miraban con cariño a sus tres hijos, que tenían nueve, seis y tres años y quienes ahora se entretenían tirándoles cacahuates a los elefantes.

Midiendo el éxito

A las 6:40 pm del domingo, Arnold cruzaba apresuradamente las puertas del Hotel Intercontinental para su cita con el Infoman, a quien encontró leyendo el periódico dominical.

El Infoman se puso de pie y saludó a Arnold.

—Lo siento, estoy un poco retrasado —dijo Arnold apenado—. Ya estaba a mitad de camino cuando caí en cuenta de que se me habían olvidado las notas. Tuve que volver a la casa y recogerlas. Debo admitirlo, me siento como un niño de regreso al colegio.

El Infoman sonrió. —No hay problema. Allí está el ascensor. Podemos ir directamente a la sala de reuniones.

Entraron a la sala y se sentaron en una gran mesa.

—Tómate unos minutos para que te organices y luego empezamos dándole un vistazo al tercer paso sencillo.

—Está bien —replicó Arnold mientras revisaba sus notas.

Pasados unos minutos el Infoman le dijo: —El tercer paso se llama identificación de los factores críticos de éxito para cada área de éxito. Un factor crítico de éxito es una medida específica de desempeño en cada área de éxito. Ya hemos identificado áreas que son importantes para tus relaciones. Hacer mejoras en estas áreas te ayudará a añadir valor a XCorp. Ahora debemos encontrar formas específicas de medir el éxito en esas áreas.

—Hazte una pregunta importante —sugirió el Infoman—. ¿Qué puede probar que estoy teniendo éxito en esta área de éxito? Los factores críticos de éxito te ayudarán a documentar la prueba.

El Infoman continuó. —Ahora echemos un vistazo al área de éxito *conciencia de los costos* que tú identificaste para tu empleador. ¿Cómo puedes medir si estás teniendo éxito en esta área?

Arnold pensó por un momento.

—Una idea es la de reducir el desperdicio —dijo—. La otra es la de reducir los desechos. Si quiero reducir el desperdicio en mi área, tengo que revisar la temperatura de las máquinas. Cuando la temperatura se mantiene dentro del rango adecuado, se usa menos esmalte y menos aceite y la capa de esmalte resulta pareja. Esto reducirá el desperdicio de suministros.

—Además de ahorrar en el uso de suministros —prosiguió—, parte del desperdicio son los desechos. Si quiero reducir la cantidad de desechos que producimos, necesito prestarle atención a varias cosas. Si veo que hay cables enredados, los agarro rápidamente antes de que el enredo sea mayor, y así se reducen los desechos.

—Genial: costo del desperdicio de esmalte y de aceite y cantidad de desechos pueden ser dos buenos factores críticos de éxito para esta área. ¿Se te ocurre algún otro?

—Claro —respondió Arnold—. Puedo medir si llego o no a tiempo mirando mi tarjeta. Supongo que eso ya está siendo medido.

—Tu tarjeta de horario es una buena fuente de información. Para determinar un factor crítico de éxito, es posible que desees ver la tarjeta de horarios de forma semanal y sumar el número de veces que llegas a tiempo como porcentaje del número de días que trabajaste. En otras palabras, si viniste a trabajar 20 veces en un mes, y 18 veces llegaste a tiempo, puedes crear un porcentaje, de 18 sobre 20. Estuviste a tiempo el 90% de las veces. Tu factor crítico podría decir: porcentaje de entradas a tiempo. Como puedes ver, los factores críticos de éxito deben ser expresados en forma medible.

> *Los factores críticos de éxito deben ser expresados en forma medible*

—Bien, ahora definamos factores críticos de éxito para el área de éxito eficiencia. ¿Cómo puedes probar que eres eficiente?

—Bueno —respondió Arnold—. Un factor crítico de éxito podría ser la velocidad de la máquina que nos muestra la cantidad de alambre que estoy produciendo. ¿Pero cómo puedo relacionar esto con la eficiencia?

—Puedes averiguar cuál es la velocidad más apropiada para tu máquina y nuevamente sacar un porcentaje —respondió el Infoman—. Puedes medir el porcentaje de eficiencia como una medida de comparación entre lo que se produjo a la velocidad real de tu máquina y lo que se pudo haber producido bajo óptimas condiciones.

—Ahora —añadió—, veamos cuáles pueden ser los factores críticos de éxito para la calidad. ¿Me podrías decir cómo puedes probar que estás produciendo alambre de alta calidad?

—Fácil —se rió Arnold—. Te puedo decir qué cosas pueden indicar producción de baja calidad. Si no repongo los rollos de alambre sin terminar, las máquinas se quedan sin alambre. Si no vigilo la temperatura del horno, el esmalte no queda uniforme, y si no vigilo los rollos de alambre terminado, el alambre se enreda y alambre enredado es considerado desperdicio. Todos estos problemas aparecen en el porcentaje de reparaciones necesario para recuperar las piezas de mala calidad. Por supuesto, si enviamos cable malo, el cliente lo devolverá, por lo que el porcentaje de devolución de los clientes es otra medida.

—Esos son buenos factores críticos de éxito.

Para las áreas restantes de éxito, el Infoman hizo preguntas parecidas. Arnold respondió a cada una de ellas. El Infoman tomó la gráfica, y dentro de cada área de éxito, escribió unas cuantas medidas identificadas con precisión, basándose en lo que recibía de Arnold. Luego le mostró la lista a Arnold.

DEFINICIÓN DEL ÉXITO PARA ARNOLD TURNER

ÁREA DE ÉXITO 1 - EFICIENCIA

Factores Críticos de Éxito
% de eficiencia de la máquina
% de velocidad máxima de la máquina

ÁREA DE ÉXITO 2 - CONCIENCIA DE LOS COSTOS

Factores Críticos de Éxito
$ costo de esmalte y aceite
% de desperdicio
% de envíos a tiempo

ÁREA DE ÉXITO 3 - CALIDAD

Factores Críticos de Éxito
% de reparaciones
% de devoluciones de control de calidad

ÁREA DE ÉXITO 4 - COMUNICACIÓN/PROVEEDORES

Factores Críticos de Éxito
% de defectos en materias primas
% de tiempo muerto por mantenimieno no programado

Arnold miró la hoja. Pudo ver que había un esquema específico y relevante de factores cuantificables para su trabajo.

—Queda como tarea, hasta la próxima vez que nos veamos, que pienses acerca de estos factores críticos de éxito y cómo se aplican a tu trabajo —dijo el Infoman.

—Nos quedan un par de minutos y ambos tenemos que empezar a trabajar mañana temprano —agregó—. En lugar de entrar en el cuarto paso sencillo, que toma más tiempo, ¿tienes alguna pregunta sobre lo que hemos hablado?

—Sí —dijo Arnold con impaciencia—. Ayer estuve hablando con María sobre los dos primeros pasos. Le interesaba saber de qué forma se podrían aplicar a su trabajo. ¿Puedes decirme algo sobre los factores críticos de éxito que pueden ser útiles para un cajero?

—Seguro —respondió con convicción el Infoman—. De hecho, puedo hacer algo más que eso. He compilado una lista de los factores críticos de éxito que hemos definido mientras trabajaba con personas en diferentes oficios. Puedo hacer una copia de algunos de esos factores asociados con cajeros de banco para que se los des a María. Y la próxima vez que nos veamos, me puedes trasmitir las preguntas o comentarios que ella tenga. ¿Qué te parece?

—Excelente.

—Espérame aquí. Vuelvo a mi habitación y consigo la lista. Estoy seguro de que la traje.

El Infoman rápidamente abandonó la sala de reuniones. "Vuelvo a mi habitación", pensó Arnold. "Debe ser agradable alojarse en un hotel como este. Apuesto a que su habitación es tan grande como nuestra sala de estar. Y esta sala de reuniones es impresionante. Imagínate llegar a una reunión en una sala así". ¡Espera, yo estoy en una reunión en una sala así!, se dijo entre risas.

—¿Qué te parece tan divertido? —dijo el Infoman al momento de reaparecer por la puerta trayendo toda la información para María.

—Estaba pensando en lo bueno que sería reunirse en una sala así y luego caí en cuenta que estamos reunidos justo aquí.

—No te quepa duda. Y bien, ¿cuándo te parece que podemos reunirnos nuevamente para continuar con el cuarto paso sencillo? ¿Qué tal el miércoles por la noche? Podríamos venir aquí, después de la jornada y tener una buena cena de trabajo.

—Por mí está bien —respondió Arnold. Caminó hacia la puerta.

—Hasta luego y buena suerte —dijo el Infoman.

Arnold se giró en el marco de la puerta y dijo: —No me olvidaré de hacer mi tarea.

Arnold Turner abandonó el hotel con muchas ideas dándole vueltas en la cabeza. Le habían dado un marco conceptual que le permitía entender el propósito de su trabajo y todo lo que estaba a su alcance para lograr que su labor fuera exitosa. Había recibido información que podría ser potencialmente útil para María. Estaba lleno de optimismo y esperanza en el futuro.

María miró a su alrededor en el banco. Esta mañana se sentía abrumada. Había llegado con tan solo cinco minutos de anticipación después de haberse quedado dormida por primera vez en dos años. Ella y Arnold se habían quedado hasta tarde hablando y riéndose mientras examinaban juntos los factores críticos de éxito.

A pesar de todo había llegado a tiempo el lunes por la mañana. No se hubiera imaginado que llamaran dos empleados a decir que estaban enfermos. Parecía que fueran cosas que siempre ocurrieran cuando no estaba allí el jefe. El señor Dalton no estaba allí el viernes y las cosas habían comenzado a ir de mal en peor después del almuerzo.

María, con un gesto, le indicó que avanzara a la persona que seguía en la fila. "Tal vez si Evelyn pasara menos tiempo enviando mensajes de texto no cometería tantos errores", pensó. Le echó un vistazo a Evelyn Hunter, quien esta mañana lucía demacrada. Su cabello rubio colgaba en desorden y tenía grandes ojeras. Se miraba las uñas, ajena a sus impacientes clientes que se alineaban en la fila y a los pasos decididos de Gary Dalton que avanzaba hacia ella.

—¿Podría hablar con usted un momento, señorita Hunter? —le dijo el señor Dalton. No fueron tanto las palabras como el tono en que las dijo lo que le causó un sobresalto.

—¿Por qué? Claro que sí, señor —balbuceó.

—¿Sería tan amable de ponerse a trabajar y dejar de enviar mensajes de texto? —replicó—. Quiero que esta tarde, a las 4:45, se reporte en mi oficina. Ahora, póngase a trabajar.

Se dio la vuelta a donde estaba María. —¿Dónde están Sue y George? —le preguntó en voz baja pero impaciente.

—Llamaron para decir que estaban enfermos, señor Dalton, y también lo hizo Elizabeth Bowers, del área de banca personal. Y no sé dónde está Jay Jameson… no, espere, aquí viene —sonrió con alivio.

Ambos vieron cuando Jay llegaba de la sala de descanso, empujando la puerta con el hombro, mientras en su mano izquierda sostenía una gran taza de café en cuya parte superior se balanceaba cuidadosamente una rosquilla. El estuche de su portátil estaba debajo de su codo derecho. Dalton observó con fascinación como Jay, apoyado sobre la puerta, teniendo cuidado de no derramar una gota ni dejar caer nada, avanzaba lentamente hacia su escritorio. Se sentó, sonrió, saludó alegremente a la mujer que aguardaba en la fila. —¿En qué la puedo ayudar, señora?

Dalton se dio media vuelta y regresó a su oficina para tomar dos aspirinas y revisar los números del mes pasado. Mientras tanto, en su ventanilla, María dejó escapar un suspiro de alivio.

Las cosas parecían encaminarse nuevamente. Más o menos. Después de un muy buen fin de semana, este lunes comenzaba a ponerse desastroso. Pensó nuevamente en los eventos tan interesantes que se habían dado el fin de semana y en la experiencia que Arnold había tenido con el Infoman. ¡El Infoman! Bajó la mirada hacia la hoja que cuidadosamente había llenado la noche del domingo.

Tras el regreso de Arnold de su reunión del domingo habían estado hablando por horas. Arnold le contó que había aprendido acerca de factores críticos de éxito o FCEs. María pensó que la idea era clara y bastante sencilla en realidad. Arnold le había traído a la casa, de parte del Infoman, una pequeña lista de factores. También él le había pasado una tarjeta de presentación del Infoman que decía: El servicio es la clave.

María miró la tarjeta de presentación que había pegado a la ventanilla y donde había hecho una lista de unos cuantos factores críticos de éxito que aplicaban a un cajero:

DEFINICIÓN DEL ÉXITO PARA MARÍA TURNER

ÁREA DE ÉXITO 1 - VELOCIDAD DE TRABAJO

Factores Críticos de Éxito
de transacciones por hora pico
de clientes atendidos

ÁREA DE ÉXITO 2 - EXACTITUD

Factores Críticos de Éxito
de veces fuera de balance
% de excedente o faltante

ÁREA DE ÉXITO 3 - CONCIENCIA DE LOS COSTOS

Factores Críticos de Éxito
% de puntualidad en el trabajo
# de días de ausencia al mes

ÁREA DE ÉXITO 4 - SERVICIO

"El servicio es la clave"

María tuvo la sensación de que esos FCEs eran sencillos, explícitos y básicos para ser un buen cajero. Al dar un vistazo al banco, se dio cuenta de que todos tenían su propia versión de las cosas en las que debían concentrarse durante el trabajo. Pensando en las conversaciones que había tenido con Arnold en las que él le había trasmitido el mirar su trabajo desde el punto de vista del jefe y el añadirle más valor al empleador de lo que uno le cuesta, ahora entendía por qué el señor Dalton estaba últimamente de mal humor. Ella sabía que él se había hecho cargo de esta sucursal con muchas esperanzas. Trabajar con él era muy agradable y era muy amistoso con los empleados. Y ahora, en pleno lunes en la mañana, casi la mitad del grupo no estaba. El mes pasado el señor Dalton había despedido al cajero en jefe. No quería, dijo. Lo hice para reducir costos. Y a pesar de todo, después de eso los cajeros seguían sin estar concentrados en sus trabajos.

María miró su lista de FCEs. "Me parece que los otros cajeros necesitan esto más que yo", pensó. Me pregunto si debería decirles algo. Supongo que será mejor hablar primero al respecto con Arnold.

Arnold empezó con energía y determinación la nueva semana en la planta. Durante el descanso y el almuerzo del lunes habló con personas con las que muy rara vez había hablado con anterioridad. Le preguntó a los mecánicos qué acciones podía tomar para ayudar a tener las máquinas en mejores condiciones. De ellos recibió información muy valiosa. Apreciaron su interés y a cambio le ofrecieron ayuda. Él les expresó que apreciaría que se les diera un mantenimiento más rápido a las máquinas.

Arnold consultó con el operador de la planta de alambre, su proveedor de alambre en bruto. Le preguntó cómo podían coordinar esfuerzos a fin de que él siempre tuviera suficientes rollos de alambre en bruto para mantener sus máquinas trabajando y evitar que estuvieran inactivas. Habló con los del área de control de calidad y les pidió información más específica sobre la calidad de los productos que él producía.

La comunicación con las diferentes personas en la planta era útil y divertida. Esto hacía que el día transcurriera más rápido y le daba nueva información que le permitía pensar mientras trabajaba en los hornos durante todo el día. Comenzó a considerar que era parte de un equipo que producía alambre para los clientes. Dejó de pensar en su trabajo como algo que hacía solo para sí. Su trabajo dejó de parecerle aburrido.

Arnold colgó la hoja en la que estaban sus factores críticos de éxito (FCEs) en un poste junto a una de sus máquinas. Estuvo pensando en los diferentes elementos que eran importantes en su trabajo y cómo podía medir su éxito.

El miércoles, Arnold se marchó de prisa a casa, se duchó, y salió velozmente para encontrarse con el Infoman.

—¡No te olvides de contarle acerca de los otros cajeros y que me dé su consejo! —le gritó María.

—¡No se me va a olvidar, hasta pronto! —contestó mientras se subía al auto.

María sonrió y cerró la puerta. —¡Esta noche estamos solos, chicos, vamos a pedir una pizza!

—¡Yupi! —fue el coro de respuesta.

Para el Infoman fue obvio que Arnold estaba teniendo una buena semana. Irrumpió en la sala de conferencias y organizó afanosamente sus notas.

—¡Qué energía la que tienes esta noche! —dijo el Infoman—. Apuesto a que puedes terminar el cuarto paso sencillo en muy poco tiempo.

Arnold se rió. —Me siento preparado, sobre todo si me va a ayudar tanto como lo hicieron los tres primeros.

—Esperemos que sí. Es la pieza que le falta al rompecabezas. El cuarto paso tiene que ver exclusivamente con información.

> *Necesitas buena información*
>
> *para saber*
>
> *si estás teniendo éxito*

La información es buena si es precisa y está relacionada con lo que necesitas saber para tener éxito —dijo el Infoman—. Identificar los hechos que te sirven, y aprender a sacarles provecho, es el cuarto paso sencillo. Vamos a tomar un ejemplo de uno de tus FCEs. ¿Cuál fue el porcentaje de reparaciones de la semana pasada?

—No lo sé. Alrededor de diez, o quizás nueve por ciento.

—Supongamos que era un nueve por ciento. Por lo tanto, el nueve por ciento es el estatus de tu FCE, porcentaje de reparaciones. Cada uno de los FCEs tiene un estatus. Ahora ¿puedes identificar la fuente de la información para el porcentaje de reparaciones?

—No estoy seguro —replicó Arnold.

—Tú mencionaste la vez pasada que el cable que es rechazado por el departamento de control de calidad va al área de reparaciones. Seguramente el área de reparaciones mantiene un registro de lo que le entra. Si tomas la cantidad de alambre que ellos reciben de tu área y lo divides por la cantidad total que produjo tu máquina, vas a obtener la información de la que estamos hablando. Por supuesto, esta cifra ya está probablemente disponible en uno de los reportes generados por tu planta. Tu desafío será ubicar el informe correcto.

—Ese podría ser un gran reto.

—Tienes razón. Pero es un desafío que bien vale la pena el esfuerzo. Idealmente, tú no tendrías que perder tiempo buscando la información que necesitas para hacer tu trabajo. La oficina de la fábrica debería mandarte la información de manera regular y oportuna, o debería ser exhibida sobre el tablero de la planta. Sin embargo, este sistema aún no está implementado en tu fábrica, por ahora tú mismo la tienes que encontrar. Por lo tanto, revisa mañana tus FCEs y haz un intento de hallar el estatus de cada uno de tus factores.

—Voy a hacer mi mejor esfuerzo —dijo Arnold.

—Y ahora dime, ¿cómo te fue con la tarea de nuestra última reunión?

—No la he olvidado.

—Bien. ¿Pudiste pensar en tus FCEs o encontrar algunos adicionales?

—Claro —respondió Arnold entusiasmado—. En la categoría eficiencia, puedo decirte que cuando la máquina está funcionando sin alambre o no está funcionando, se ve afectado mi porcentaje de eficiencia. Por lo tanto, pensé en número de minutos sin alambre o porcentaje de inactividad como FCEs adicionales.

—Eso suena muy bien —dijo el Infoman—. ¿Algún otro FCE?

Arnold miró sus notas y dijo: —Déjame explicarte un poco acerca de lo que pasa en mi área de la planta, y luego acerca de los FCEs que he pensado. El personal de control de calidad pasa por mi área cada hora. Ellos revisan el alambre terminado envuelto en los rollos. Si existe un problema serio con el alambre o encuentran enredos, encienden una luz roja junto a la máquina que ha causado el problema. Si el problema no es tan grave, encienden una luz amarilla. Escriben en un registro que cuelga cerca de la máquina la hora en tla que encienden las luces. Tengo que estar pendiente de esas luces, ajustar el problema de la máquina, resolver el problema del enredo de cable, apagar las luces y escribir la hora en el libro de registro.

El Infoman asintió. —Mientras más tiempo permanecen las luces encendidas —continuó Arnold— se enrolla en la bobina mayor cantidad de alambre defectuoso y ello empeora la cantidad de desperdicio. Pienso que el número de minutos que las luces permanecen encendidas, el número de luces amarillas y el número de luces rojas durante el turno son todos FCEs que deben ser vigilados.

El Infoman sonrió al oír esto. Sabía que Arnold estaba describiendo una planta de manufactura anticuada y que requería automatización. Sin embargo, los FCEs que Arnold había identificado lo alegraron mucho.

—Cuánto me alegra ver los FCEs que encontraste —le dijo el Infoman con una sonrisa genuina.

—No lo entiendo —dijo Arnold.

—Verás, los factores críticos de éxito pueden ser medidas de resultado o medidas de comportamiento. Medidas de resultado pueden ser el porcentaje de desechos, pero medidas de comportamiento son las que me acabas de describir. Ambos son factores críticos de éxito. Si te enfocas en las medidas de comportamiento, el éxito de las medidas de resultado están garantizadas. ¡Buena labor la de definir las medidas de comportamiento!

—Gracias por tu apoyo —dijo Arnold—. Estoy emocionado con la idea de darle seguimiento a estos FCEs. Pero no sé dónde colocarlos. ¿En el área de éxito de costos o en el área de éxito de calidad?

—Pueden ser FCEs en cualquiera de las dos categorías, ya que las dos áreas de éxito no son totalmente independientes una de la otra. Es posible que desees poner número de minutos con las luces encendidas en la categoría de costo y las otras en la categoría de calidad. En realidad no importa, siempre y cuando las tengas bajo control.

—Tengo otro factor que deseo incluir —dijo Arnold—.

Puede ser un FCE que me anime a tener una comunicación abierta con mis proveedores. Creo que el número de sesiones de retroalimentación con los proveedores puede ser un FCE que se incluya en la categoría de comunicación.

Seguido de este comentario, Arnold mostró la hoja en donde listaba todos sus FCEs.

DEFINICIÓN DEL ÉXITO PARA ARNOLD TURNER

ÁREA DE ÉXITO 1 - EFICIENCIA

Factores Críticos de Éxito
% de eficiencia de la máquina
% de velocidad máxima de la máquina
# de minutos sin alambre

ÁREA DE ÉXITO 2 - CONCIENCIA DE LOS COSTOS

Factores Críticos de Éxito
$ costo de esmalte y aceite
% de desperdicio
# de minutos con luz roja encendida

ÁREA DE ÉXITO 3 - CALIDAD

Factores Críticos de Éxito
% de reparaciones
% de devoluciones de control de calidad
% de defectos en las muestras
# de luces amarillas
# de luces rojas

ÁREA DE ÉXITO 4 - COMUNICACIÓN/PROVEEDORES

Factores Críticos de Éxito
% de defectos en materias primas
% de tiempo muerto por mantenimiento no programado
# de sesiones de retroalimentación con los proveedores

El Infoman miró con satisfacción la hoja. —¿Cuántos FCEs tienes en este informe? —preguntó.

—Catorce —dijo Arnold.

—Catorce son demasiados —le replicó el Infoman—. Vas a perder el enfoque si tienes demasiados factores.

El Infoman prosiguió sin perder de vista la expresión de Arnold.

—Sé lo que estás pensando. Te animé a encontrar FCEs y ahora te estoy diciendo que tienes demasiados.

—Así es —dijo Arnold, quien se preguntaba qué debía hacer.

—Te animé a que pensaras más con el fin de encontrar FCEs que fueran medidas de comportamiento, y lo hiciste. Ahora, tu tarea consistirá en mirar tu lista de catorce y decidir cuáles son medidas de comportamiento. Si enfocas tus energías en ellas, entonces las otras mejoran por añadidura. Idealmente, cinco factores críticos de éxito de alto impacto serían suficientes.

—Voy a hacerlo, no lo dudes —respondió Arnold—. ¿Puedo dejarlas en mi informe mientras me enfoco en las cinco?

—Claro, no hay problema —dijo el Infoman.

—¿Te puedo preguntar algo de parte de María?

—Claro, adelante.

—Ella siente que está cumpliendo con los FCEs que le enviaste. Por supuesto que va a trabajar puntualmente, muy rara vez se ausenta y es minuciosa. Ella ya está haciendo estas tareas básicas en su trabajo, pero se ha dado cuenta de que otros en el banco tienen ausencias frecuentes, cometen muchos errores, y a menudo llegan tarde.

—Parece que el gerente de esta sucursal se enfrenta a varios desafíos —comentó el Infoman.

—María quiere ayudar a que los otros cajeros adopten los FCEs que ella ha definido para sí misma y así ayudar al banco.

—Tal vez sea demasiado pronto —dijo el Infoman—. Dile que se enfoque en su propio trabajo con los FCEs y siga incrementando su propio valor agregado al banco antes de preocuparse por el valor agregado de los otros. Mientras tanto, espero que pueda desarrollar pensamientos creativos acerca del servicio, el cual es la clave para el éxito, especialmente en un banco. Voy a estar fuera este fin de semana —continuó—, pero estaré de regreso la semana próxima. ¿Pueden tú y María acompañarme a cenar el viernes de la semana que viene? Ambos habrán tenido tiempo para experimentar los cuatro pasos sencillos en su ambiente de trabajo y podremos revisar sus experiencias. También quiero presentarles una herramienta muy útil para el éxito a la que yo llamo el Informe de Enfoque.

El viernes en la noche, Arnold y María se reunieron con el Infoman en un restaurante del centro.

—Estoy encantada pues finalmente puedo conocer al famoso Infoman —comentó María.

—Gracias, un gusto conocerte —respondió él con una sonrisa.

María no se sentía para nada nerviosa. Por alguna razón, sentía que conocía de antemano a esta persona de aspecto sereno y quien había tomado un interés personal en su éxito.

—¿Te ha servido alguna de estas ideas? —preguntó el Infoman.

María asintió. —Esta semana fue muy interesante. Después de que Arnold me dijera que debía concentrarme en mis propios FCEs me sentí muy aliviada. He empezado a hacer el seguimiento de mi propia información. Encontrar la información no fue tan difícil. Supongo que los bancos cuentan con una mayor cantidad de buena información, mejor que la de las fábricas.

Dejó de hablar y empezó a comer su ensalada.

—Apuesto que para Arnold fue un trabajo más duro encontrar la información que necesitaba para medir su desempeño —dijo el Infoman.

—Fue difícil —dijo Arnold—. Realmente tuve que ingeniármelas para encontrar la buena información de la que me hablaste.

—¿Cómo lo hiciste? —ambos lo miraron con interés.

—Seguí tu consejo y fui donde mis clientes y proveedores. Para la información acerca de los desechos, le pregunté al inspector de control de calidad si sabía dónde podía encontrar información. Estaba feliz de poder ayudarme. Aparentemente, los desechos son ahora un gran problema y se alegraba mucho de ver que alguien estaba interesado. Me trajo un reporte semanal en donde se enumeran las cantidades de desecho por máquina. Sumé toda la cantidad de desechos en mis seis máquinas.

Arnold continuó: —Luego le hice a mi jefe un par de preguntas. No me ayudó mucho. Supongo que no creía que quisiese mejorar después de la actitud que había tenido anteriormente. Tuve mucha más suerte con mis proveedores y con mis clientes. Traje el informe por si quieren verlo.

María y el Infoman asintieron. Arnold se agachó y abrió su cuaderno de notas. Sacó una página y se la pasó al Infoman.

DEFINICIÓN DEL ÉXITO PARA ARNOLD TURNER

ÁREA DE ÉXITO 1 - EFICIENCIA

Factor	Estatus
% de eficiencia de la máquina	92
% de velocidad máxima de la máquina	, 68
# de minutos sin alambre	150

ÁREA DE ÉXITO 2 - CONCIENCIA DE LOS COSTOS

Factor	Estatus
$ costo de esmalte y aceite	800
% de desperdicio	11
# de minutos con luz roja encendida	120

ÁREA DE ÉXITO 3 - CALIDAD

Factor	Estatus
% de reparaciones	9
% de devoluciones de control de calidad	10
% de defectos en las muestras	20
# de luces amarillas	75
# de luces rojas	43

ÁREA DE ÉXITO 4 - COMUNICACIÓN/PROVEEDORES

Factor	Estatus
% de defectos en materias primas	7
% de tiempo muerto por mantenimiento no programado	6
# de sesiones de retroalimentación con los proveedores	55

—¡Esto es genial, Arnold! Has logrado encontrar el estatus de cada uno de tus FCEs.

—¡Parece griego para mí! —exclamó María—. Puedo ver todos estos números, pero ¿qué significan realmente? ¿Estás haciendo un buen trabajo o no?

Ella miró a su esposo con interés.

El Infoman sonrió. —Están planteando el tema sobre el cual quería hablarles esta noche. Puede ser claro para Arnold qué tan bien lo está haciendo cuando observa el estatus de sus propios FCEs. Pero al ver el estatus, María y yo no tenemos suficiente información. Necesitamos algo con lo cual comparar el estatus. Necesitamos metas. Cuando estableces metas para tus FCEs, podemos ver claramente qué tan bien lo estás haciendo, al comparar tu estatus con tus metas.

Específicamente —continuó—, comienza estableciendo dos niveles de metas para cada FCE, un nivel mínimo y una meta sobresaliente. El nivel mínimo debe ser el límite entre el desempeño aceptable e inaceptable y el nivel sobresaliente es el objetivo desafiante.

—Deberías comenzar a preocuparte por tu trabajo si

tu estatus está por debajo de tu nivel mínimo. Por otro lado, estarás emocionado con tu desempeño cuando tu estatus alcance tu meta sobresaliente. La meta sobresaliente es tu desafío de largo alcance. Alcanzar tu meta sobresaliente puede requerir una nueva forma de pensar sobre el proceso de tu trabajo.

—Idealmente, consultarás a tu jefe cuando establezcas tus metas. Pero puedes hacer algunas suposiciones razonables por tu cuenta para comenzar. Ahora, por favor, identifica estas metas por ti mismo. El camarero vino a recoger la mesa y todos pidieron postre y café.

Entonces María y Arnold estudiaron sus respectivos informes, profundamente enfocados. Arnold tenía una pregunta sobre el porcentaje de reparaciones, ya que los estatus más bajos, en lugar de los más altos, indican un mejor desempeño.

—En estos casos, creas un nivel máximo por encima del cual el desempeño será un problema. Llamamos a la categoría de nivel mínimo *mín/máx* para mostrar que algunos mínimos pueden ser máximos —respondió el Infoman.

Ambos terminaron aproximadamente al mismo tiempo y pusieron sus páginas sobre la mesa para que los demás las vieran (véanse gráficos de las páginas siguientes).

DEFINICIÓN DEL ÉXITO PARA MARÍA TURNER

ÁREA DE ÉXITO 1: VELOCIDAD DEL TRABAJO

Factor	Estatus	Nivel Mín/Máx	Nivel Sobresaliente
# de transacciones por hora en horas pico	25	18	25
# de clientes atendidos	450	200	450

ÁREA DE ÉXITO 2: EXACTITUD

Factor	Estatus	Nivel Mín/Máx	Nivel Sobresaliente
# de veces fuera de balance	1	3	1
% de excedente o de faltante	0,5	5	0,5

ÁREA DE ÉXITO 3: CONCIENCIA DE LOS COSTOS

Factor	Estatus	Nivel Mín/Máx	Nivel Sobresaliente
% de envíos a tiempo	99	95	99
# de días de ausencia al mes	1	4	1

ÁREA DE ÉXITO 4: SERVICIO

Factor	Estatus	Nivel Mín/Máx	Nivel Sobresaliente
"El servicio es la clave"			

DEFINICIÓN DEL ÉXITO PARA ARNOLD TURNER
Semana que termina el 30 de abril

ÁREA DE ÉXITO 1: EFICIENCIA

Factor	Estatus	Nivel Mín/Máx	Nivel Sobresaliente
% de eficiencia de la máquina	92	90	98
% de la velocidad máxima de la máquina	68	65	90
# de minutos sin alambre	150	190	25

ÁREA DE ÉXITO 2: CONCIENCIA DE LOS COSTOS

Factor	Estatus	Nivel Mín/Máx	Nivel Sobresaliente
$ desperdicio de esmalte y aceite	800	550	50
% de material desechado	11	8	2
# de minutos con las luces encendidas	120	100	10

ÁREA DE ÉXITO 3: CALIDAD

Factor	Estatus	Nivel Mín/Máx	Nivel Sobresaliente
% de reparaciones	9	10	0
% de devoluciones de control de calidad	10	12	0
% de defectos en las muestras	20	15	0
# de luces amarillas	75	70	10
# de luces rojas	43	40	0

ÁREA DE ÉXITO 4: COMUNICACIÓN/PROVEEDORES

Factor	Estatus	Nivel Mín/Máx	Nivel Sobresaliente
% defectos debido a materias primas	7	10	2
% de tiempo fuera de servicio debido a mantenimiento no programado	6	8	0
# de sesiones de retroalimentación con los proveedores	55	50	100

Fue interesante para María y Arnold aprender sobre el trabajo del otro. Ambos tenían cierta comprensión de lo que la otra persona hacía en el trabajo, pero no sabían qué factores y metas eran críticos para el éxito de su pareja.

Después de que el Infoman terminó de examinar los informes, dijo: —Parece que ustedes dos tienen problemas opuestos. No se preocupen; hay soluciones para ambos. María, veamos primero los tuyos. Tu problema es que ya has alcanzado algunas de tus metas sobresalientes. Dime, ¿cómo estableciste estos objetivos?

—Pensé en todos los cajeros de nuestra sucursal e intenté elegir una meta que no estuviera muy por encima de su desempeño. Cuando lo comparé con mi propio desempeño, ya la había alcanzado.

—Esa es una buena idea, María. Sin embargo, no debes bajar tus propias metas. La meta sobresaliente debe considerarse como una meta a largo plazo, no algo que ya hayas logrado. Ahora, por favor establece algunas metas nuevas e intenta hacerlas realmente sobresalientes para ti.

María asintió y se puso a trabajar.

—Mientras tanto, Arnold, es posible que hayas notado que hay una gran brecha entre tus estatus y tus metas sobresalientes.

—Va a requerir mucha mejoría antes de que pueda llegar a algún lado —comentó Arnold con tristeza.

El Infoman sonrió. —Ahora que hemos identificado la dirección, avanzarás mucho más rápido de lo que imaginas. Además, puedes avanzar hacia tus objetivos paso a paso. Para cada uno de tus FCEs hay un peldaño más sencillo, pero aún desafiante, hacia tu meta sobresaliente. Ese peldaño se llama meta satisfactoria. Este es otro nivel de meta necesario. La meta satisfactoria es más alta que tu desempeño promedio, pero no tan alta como tu meta sobresaliente. Trabaja para lograr tu meta satisfactoria primero. De esta manera, el progreso no parecerá tan difícil.

> *Esfuérzate por lograr tus*
> *metas satisfactorias primero*

—Muy bien, esas son buenas noticias —dijo Arnold.

—Ahora, en cada caso, ¿puedes decidir sobre este primer paso, la próxima meta alcanzable para ti? —preguntó el Infoman—. Si lo prefieres, puedes pensar en ese objetivo como uno de corto plazo, para los próximos tres meses.

Arnold pensó por un momento. Luego, tomó la hoja de papel y anotó algunas metas satisfactorias.

—A primera vista, se ven razonables. Esta semana piensa en ellas mientras estás en el trabajo; si no te sientes cómodo con alguna, podemos hacer algunos cambios (véanse gráficos de las páginas siguientes).

DEFINICIÓN DEL ÉXITO PARA ARNOLD TURNER
Semana que termina el 30 de abril

ÁREA DE ÉXITO 1: EFICIENCIA

Factor	Estatus	Nivel Mín/Máx	Nivel Satisfactorio	Nivel Sobresaliente
% de eficiencia de la máquina	92	90	94	98
% de la velocidad máxima de la máquina	68	65	70	90
# de minutos sin alambre	150	190	160	25

ÁREA DE ÉXITO 2: CONCIENCIA DE LOS COSTOS

Factor	Estatus	Nivel Mín/Máx	Nivel Satisfactorio	Nivel Sobresaliente
$ desperdicio de esmalte y aceite	800	550	400	50
% de material desechado	11	8	6	2
# de minutos con la luz roja encendida	120	100	60	10

ÁREA DE ÉXITO 3: CALIDAD

Factor	Estatus	Nivel Mín/Máx	Nivel Satisfactorio	Nivel Sobresaliente
% de reparaciones	9	10	8	0
% de devoluciones de control de calidad	10	12	6	0
% de defectos en las muestras	20	15	12	0
# de luces amarillas	75	70	40	10
# de luces rojas	43	40	30	0

ÁREA DE ÉXITO 4: COMUNICACIÓN/PROVEEDORES

Factor	Estatus	Nivel Mín/Máx	Nivel Satisfactorio	Nivel Sobresaliente
% de defectos en materias primas	7	10	4	2
% de tiempo muerto por mantenimiento no programado	6	8	4	0
# de sesiones de retroalimentación con los proveedores	55	50	60	100

DEFINICIÓN DEL ÉXITO PARA MARÍA TURNER

ÁREA DE ÉXITO 1: VELOCIDAD DEL TRABAJO

Factor	Estatus	Nivel Mín/Máx	Nivel Satisfactorio	Nivel Sobresaliente
# de transacciones por hora en horas pico	25	18	22	25
# de clientes atendidos	450	200	360	450

ÁREA DE ÉXITO 2: EXACTITUD

Factor	Estatus	Nivel Mín/Máx	Nivel Satisfactorio	Nivel Sobresaliente
# de veces fuera de balance	1	3	2	1
% de excedente o de faltante	0,5	5	3	0,5

ÁREA DE ÉXITO 3: CONCIENCIA DE LOS COSTOS

Factor	Estatus	Nivel Mín/Máx	Nivel Satisfactorio	Nivel Sobresaliente
% de envíos a tiempo	99	95	97	99
# de días de ausencia al mes	1	4	1	0

ÁREA DE ÉXITO 4: SERVICIO

Factor	Estatus	Nivel Mín/Máx	Nivel Satisfactorio	Nivel Sobresaliente
"El servicio es la clave."				

El Infoman leyó las hojas. —¡Genial! Estas deberían mantenerte enfocado.

—Ahora, hay una cosa más que me gustaría comentar con ustedes dos esta noche. Necesitamos agregar un elemento de información antes de que esta hoja de papel se convierta en el instrumento de enfoque que les prometí. La última información mostrará la tendencia de los datos para sus factores críticos de éxito. Veamos uno de los FCEs de Arnold para encontrar la información de tendencias. Entonces podemos hablar sobre por qué este tipo de información es tan importante.

El Infoman dibujó un gran cuadrado en una hoja en blanco del cuaderno. Marcó el eje vertical para representar el estatus del FCE y el factor horizontal para representar el tiempo. Le pidió a Arnold que estimara su estatus para este factor durante las últimas semanas. Las estimaciones solo fueron aproximadas, pero les permitieron trazar ocho semanas de desempeño dentro del cuadrado. Luego, dibujó los tres niveles de metas en la gráfica y se los mostró a los Turner.

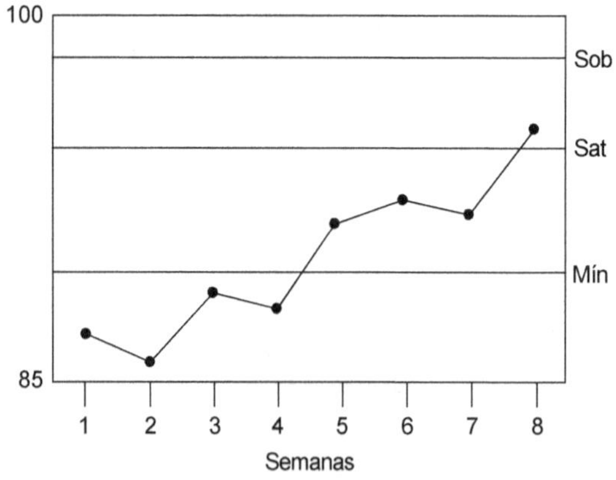

—Cada semana, les sugiero que hagan un gráfico de sus FCEs. Entonces sabrán si su desempeño los está acercando a sus metas o alejando de ellas.

El Infoman les pidió que miraran el gráfico de Arnold.

—¿Qué te dice la información del gráfico?

Arnold respondió: —Me dice que me estoy moviendo hacia la meta sobresaliente.

—Correcto. Hagamos gráficos similares para cada FCE. Sé que gran parte de esta información es solo una estimación, y luego deberán verificar su precisión. Sin embargo, es lo suficientemente cercana como para ilustrarles los conceptos. Cuando construyen sus gráficos usando información precisa, los gráficos les darán una idea clara de cómo se están desempeñando en cada FCE.

—Si están en el camino correcto —prosiguió—, ingresen B para una buena tendencia. Si se dirigen en la dirección incorrecta, ingresen M para una mala tendencia. Si no pueden discernir una tendencia, ingresen (-) para ninguna tendencia.

—Ahora hagamos una columna en su informe e ingresen la información de tendencia —agregó.

Arnold y María observaron la línea de tendencia reflejada en los gráficos de cada uno de sus FCEs. Determinaron en cada caso si los datos mostraban una tendencia buena, mala o plana. Ingresaron la información en sus informes (véase gráfico de la página siguiente).

—¡Felicitaciones a ambos! Acaban de completar su primer Informe de Enfoque. Ahora tienen en una página toda la información que necesitan. Esta página les servirá como un instrumento para mantenerse enfocados, les dice qué es importante, dónde están y adónde quieren llegar. Este es el poder que se encierra en esta página.

Hay poder en el

Informe de Enfoque

INFORME DE ENFOQUE PARA ARNOLD TURNER

Semana que termina el 30 de abril

ÁREA DE ÉXITO 1: EFICIENCIA

Factor	Estatus	Nivel Mín/Máx	Nivel Satisfactorio	Nivel Sobresaliente	Tendencia
% de eficiencia de la máquina	92	90	94	98	B
% de la velocidad máxima de la máquina	68	65	70	90	M
# de minutos sin alambre	150	190	160	25	-

ÁREA DE ÉXITO 2: CONCIENCIA DE LOS COSTOS

Factor	Estatus	Nivel Mín/Máx	Nivel Satisfactorio	Nivel Sobresaliente	Tendencia
$ desperdicio de esmalte y aceite	800	550	400	50	-
% de desperdicio	11	8	6	2	M
# de minutos con la luz roja encendida	120	100	60	10	M

ÁREA DE ÉXITO 3: CALIDAD

Factor	Estatus	Nivel Mín/Máx	Nivel Satisfactorio	Nivel Sobresaliente	Tendencia
% de reparaciones	9	10	8	0	-
% de devoluciones de control de calidad	10	12	6	0	M
% de defectos en las muestras	20	15	12	0	-
# de luces amarillas	75	70	40	10	M
# de luces rojas	43	40	30	0	-

ÁREA DE ÉXITO 4: COMUNICACIÓN/PROVEEDORES

Factor	Estatus	Nivel Mín/Máx	Nivel Satisfactorio	Nivel Sobresaliente	Tendencia
% de defectos en materias primas	7	10	4	2	M
% de tiempo muerto por mantenimiento no programado	6	8	4	0	-
# de sesiones de retroalimentación con los proveedores	55	50	60	100	-

Era domingo por la mañana. El teléfono sacó a Arnold de sus pensamientos de forma tan abrupta que se fue hacia atrás en su silla. Entonces, se levantó y contestó el teléfono.

Era el Infoman. —Te llamaba para charlar contigo acerca de otras cosas que puedes hacer para avanzar en tu carrera. Tienes muchas habilidades que obviamente no has aprovechado al máximo. No hay duda de que ahora vas por el camino correcto y estás realizando progresos. Sin embargo, si quieres hacer un cambio drástico que vaya más allá de tener éxito en tu propio trabajo, vas a tener que mejorar tus calificaciones. ¿Cómo te fue en el bachillerato?

Arnold respondió: —Saqué muchos ochos y sietes. No me tomaba muy en serio las clases. Me interesaban más los deportes e hice apenas lo necesario para salir del paso.

—Bueno, si hiciste apenas lo necesario para salir del paso y a pesar de eso sacaste ochos y sietes no tengo la menor duda de que te iría bien en la universidad. ¿Alguna vez pensaste ir a la universidad?

—Al principio lo pensé —respondió Arnold—. Luego, durante mi segundo año en el bachillerato mis padres se separaron y mi padre se casó con otra mujer. Después de eso, no pensaba mucho en mi futuro. Cuando conocí a María, ella se convirtió en algo así como mi futuro.

El Infoman le dijo: —Tengo una amiga en la oficina de admisiones de la universidad estatal. Déjame hablo con ella y vemos si se nos ocurre algo. Entretanto, quedemos en vernos mañana para una reunión.

—Está bien —contestó Arnold con una sonrisa—. ¡Muchas gracias!

Se sentía optimista y alentado. Recogió la silla que se había caído al suelo y la puso nuevamente en su lugar.

## CAPÍTULO 12

Rastreando el progreso

Arnold Turner comía su sándwich en la sala de reuniones del hotel mientras escuchaba con toda atención al Infoman.

—Ya sé que ahora estás mucho más enfocado en aquello que te hará exitoso en tu trabajo —estaba diciendo el Infoman—. Hoy quiero presentarte otro instrumento que vas a crear tú mismo: el Informe de Retroalimentación.

—Ya puedo ver cómo me está yendo en el Informe de Enfoque, ¿por qué necesito algo más?

—Para mantenerte enfocado necesitas retroalimentación precisa, positiva y negativa, sobre tu desempeño. La retroalimentación te ayuda a sentirte bien con tus pequeños éxitos.

—El Informe de Retroalimentación —continuó—, resumirá lo que estás haciendo bien, para que puedas reforzar las actividades correctas y aprovechar tus fortalezas. También te dará un resumen de dónde están tus problemas para que puedas solucionarlos.

El Infoman tomó una hoja de papel y creó las dos zonas de retroalimentación para Arnold como lo había hecho con Brian y Tom.

Le dio a Arnold una descripción de la estructura del Informe de Retroalimentación que incluía la lista de los FCEs, el estatus, la meta y la cantidad de períodos consecutivos que el FCE ha estado por encima del nivel satisfactorio o por debajo del mín/máx junto con la tendencia, y dijo:

—Recuerda, utiliza el Informe de Enfoque como una base para construir el Informe de Retroalimentación. Cualquier FCE que haya alcanzado su nivel de meta satisfactorio debe ser ingresado en la parte superior del Informe de Retroalimentación y cualquier FCE cuyo desempeño es peor que su nivel mín/máx, se coloca en la mitad inferior del informe. Los FCEs de la mitad superior serán tus positivos. Los FCEs de la mitad inferior serán tus negativos.

—Voy a subir a mi habitación a hacer un par de llamadas —dijo el Infoman—. Cuando regrese, podremos mirar el instrumento de retroalimentación que hayas creado para ti mismo.

Arnold asentía en silencio. Sus ojos estaban clavados en sus FCEs.

En cuanto se cerró la puerta, Arnold empezó a pensar que el Informe de Retroalimentación iba a arrojar luz sobre su desempeño deficiente. Los pensamientos negativos se iban abriendo paso. Arrojó sus papeles sobre la mesa. Se sentía humillado. ¿Cómo era posible que su rendimiento fuese tan pobre? Siempre había sentido que era la persona en la planta que verdaderamente entendía lo que estaba pasando.

Ahora, aquí, debía confrontar el hecho de que ninguno de sus FCEs alcanzaba el nivel mín/máx. Todos por debajo de la línea. Quizás lo que debería hacer era levantarse y escabullirse del sitio. No, ya era demasiado tarde para hacerlo.

Arnold extendió la mano y deslizó los papeles hacia él. Se quedó mirando fijamente el Informe de Retroalimentación con la línea horizontal esmeradamente trazada en el centro. De repente sonó el teléfono. ¿Debería responder? Finalmente, al séptimo timbrazo, respondió. —Sala de reuniones; habla Arnold —dijo taciturnamente.

—Me alegra que hayas contestado —exclamó el Infoman—. Solo quería decirte que voy a estar ocupado otros quince minutos. Mientras tanto, te quería dar una buena noticia.

—¿De qué se trata? —preguntó Arnold.

—Esta mañana llamé a mi amiga Ellen Mitchell, de la oficina de admisiones de la universidad estatal y le hablé de ti. Después de revisar tus calificaciones en la secundaria me dijo que le interesaba tu situación. Te ha conseguido una cita para una entrevista con el Consejo de Admisiones. Si la entrevista es favorable, serás aceptado para estudiar en la universidad. Puedes organizarte de tal manera que tomes cursos de uno en uno y clases nocturnas. En tu caso, puedes ser eximido del requisito de un grado de bachillerato. Y te pueden dar un certificado de equivalencia de los estudios de bachillerato. Bueno, te veo dentro de unos minutos.

Arnold se quedó inmóvil, con el auricular apretado contra la oreja. De repente, se dio cuenta de que lo que estaba escuchando era la línea de marcado. Cuidadosamente devolvió el auricular a su sitio. Le echó otro vistazo a su Informe de Retroalimentación.

Arnold parece que está bien, se dijo el Infoman para sus adentros, mientras entraba discretamente en el salón de reuniones y constataba que éste se encontraba trabajando calladamente en su informe.

El Infoman se alegraba de que Arnold no se hubiese tomado excesivamente a pecho su desempeño deficiente. De un vistazo se había dado cuenta de lo que iba a indicar el Informe de Retroalimentación y, con el mayor tacto posible, había abandonado el salón para hacer sus llamadas telefónicas. Había tenido la suerte de poder hablar con

Ellen Mitchell de la universidad y tener noticias positivas para compartir con Arnold.

—En cuanto termines me dejas mirarlo —dijo el Infoman, mientras se sentaba y ojeaba una revista nueva dedicada a la administración.

Es asombroso, se dijo, cómo a pesar de que su Informe de Enfoque contenía toda la información que mostraba su desempeño deficiente, Arnold realmente no había comprendido la situación en la que estaba hasta que la trasladó al Informe de Retroalimentación. Se trataba de una situación típica. El Informe de Retroalimentación se las arregla de alguna manera para que la calidad de tu desempeño de repente quede clara como la luz. La mayoría de las personas muestran unos cuantos positivos y unos cuantos negativos. María se encuentra en un extremo de la ecuación y Arnold en el otro. Y, no obstante, Arnold es una persona brillante y capaz. Desde luego que no ha estado aplicando en el trabajo su energía creativa. Supongo que se trata de la combinación entre un sitio de trabajo anticuado, una gestión deficiente y una sensación de completa desesperanza al considerar el futuro. Me pregunto en qué momento empezó a darse por vencido totalmente.

El Infoman se quedaba atónito al pensar que una empresa pudiera seguir avanzando cuando sus empleados estaban tan poco enfocados en el éxito. Le indicaba que los problemas de XCorp se encontraban muy arraigados y que se extendían desde los cargos más altos hasta los empleados inferiores.

"Pues bien", pensó el Infoman, "no me doy por vencido con Arnold Turner. Solo espero que él no se dé por vencido". Todos estos pensamientos cruzaban por la mente del Infoman, mientras ojeaba las páginas de la revista que tenía enfrente.

—Bueno, ya está listo —dijo Arnold, haciendo un esfuerzo por no sonar demasiado desalentado.

INFORME DE RETROALIMENTACIÓN PARA ARNOLD TURNER

Semana que termina el 30 de abril

¡Usted ha alcanzado su meta, felicitaciones!

Factores Críticos de Éxito	Estatus	Meta Satisfactoria	Períodos consecutivos	Tendencia

Usted tiene problemas: ¡Piense en soluciones creativas!

Factores Críticos de Éxito	Estatus	Nivel Mín/Máx	Períodos consecutivos	Tendencia
% de desperdicio	11	8	1	-
# de minutos con luz roja encendida	120	100	3	-
% de defectos en las muestras	20	15	6	-
$ costo de esmalte y aceite	800	550	6	B
# de luces amarillas	75	70	4	-
# de luces rojas	43	40	4	-

—Veo que tu sección superior está en blanco —reparó el Infoman—. Pero no te preocupes. Eso va a cambiar pronto. Cuando ya tengas positivos, lo que tienes que hacer es copiarlos en la parte superior de tu informe y rellenar la información sobre ellos debajo de cada categoría.

Ahora miremos tus oportunidades para la resolución creativa de problemas. Cuentas con seis FCEs que no alcanzaron sus metas mínimas.

—¿Puedo hacer una pregunta? —dijo Arnold.

—Sí, desde luego…

—No entiendo por qué razón el Informe de Retroalimentación lista solamente los FCEs que han alcanzado la meta satisfactoria y aquellos que no han llegado al mín/máx. ¿Y entonces los FCEs que se encuentran entre el mín/máx y el satisfactorio? ¿Qué pasa con ellos?

—Se encuentran en el rango aceptable y cuentas con

información sobre ellos en tu Informe de Enfoque. Esperemos que pronto la mayoría de tus FCEs se ubiquen en esa categoría y avancen rápidamente hacia tu meta satisfactoria.

—El propósito detrás del Informe de Retroalimentación es proporcionarte un resumen rápido de tus éxitos y tus desafíos —continuó diciendo el Infoman—. El primer reto es mover los FCEs de la zona negativa al rango neutral o aceptable del Informe de Retroalimentación. Una vez allí, te esfuerzas porque los FCEs vuelvan a aparecer, solo que esta vez por encima de la línea. En cierta manera, puedes considerar esto como un proceso en dos pasos.

—Se nos está acabando el tiempo —dijo el Infoman—. Quizás este fin de semana puedas revisar este material con María para que ella quede actualizada.

—Buena idea —dijo Arnold, mientras recogía sus papeles.

—Por cierto, tu cita con la señorita Mitchell es el lunes a las 3 de la tarde, en la oficina de admisiones de la universidad. ¡Suerte!

Eran las 3 de la tarde del lunes. Arnold había hecho arreglos con su jefe para tener tiempo libre. Estaba sentado rígido afuera de la oficina del director de admisiones.

Todos habían sido amables con él; no había resultado una experiencia dolorosa o vergonzosa. Pero Arnold sentía que pronto ocurriría algo vergonzoso. Estaba nervioso mientras esperaba sentado. Ya habían pasado treinta minutos desde su llegada. Sentía la garganta seca y la corbata le apretaba el cuello.

—¡Te va a ir súper bien! —le había dicho María con entusiasmo cuando le contó de la entrevista—. Muéstrate confiado.

"Muéstrate confiado", pensaba ahora. ¡Tiene gracia! Al menos lo había intentado. Había escuchado atentamente las preguntas y las había respondido cuidadosa y cortésmente, por más que el nudo en el estómago le aseguraba que no tendría la menor posibilidad.

Lo que Arnold no tenía idea es que contaba con el respaldo de la señorita Mitchell. Había quedado impresionada de inmediato con su carácter serio y callado y su actitud decidida. Sus calificaciones revelaban que era una persona con alto potencial y bajo rendimiento, uno de esos estudiantes con la capacidad de obtener la calificación más alta, pero que usualmente recibía una nota apenas mediocre.

—Se puede deber a una serie de razones —le insistía ella en aquel momento al comité—. Hay que recordar que en la escuela jugaba fútbol americano y eso pudo haber sido una gran distracción. Le quitaba mucho tiempo de los estudios. No creo que debamos achacarle eso.

—No lo sé, realmente no lo sé —repitió la señorita Sunsbury—. No acabo de entender por qué alguien pasa diez años trabajando en una fábrica y luego, de repente, decide asistir a la universidad.

—Y además con tres hijos —murmuró el señor Whitehead. El creía en el viejo refrán, "Se cosecha lo que se siembra."

—Me parece que Arnold demuestra iniciativa —remarcó el señor Perlman—. Y valentía. Se necesita valentía para decidir llevar a cabo un cambio radical en tu vida y luego actuar para cumplir esa decisión.

—Estoy de acuerdo —dijo el señor Smith—. Lo que le falta a este joven es madurez. Por la razón que sea, no hizo las cosas demasiado bien en su adolescencia. Pero si se miran los resultados de sus exámenes, resulta obvio que posee capacidades que ni siquiera ha empezado a utilizar. También me gusta el hecho de que se casó con su novia de juventud y ha aguantado ese trabajo de fábrica para poder sostener a su familia. Ha demostrado la madurez para ser exitoso en esta universidad. Tiene mi voto.

—El mío también —dijo el señor Perlman.

—Yo voto que sí —dijo la señorita Sunsbury.

—Y yo que no —masculló el señor Whitehead.

—Y yo también voy a votar por él —anunció la señorita Mitchell. De modo que con cuatro votos a favor y uno en contra, queda aceptado. Iré a decírselo. Muchas gracias a todos por su tiempo.

—Señor Turner —dijo la señorita Mitchell, y sintió compasión al contemplar el rostro pálido y rígido de Arnold—. Siento haberlo hecho esperar tanto tiempo.

—No hay problema —dijo Arnold con una débil sonrisa. Ya había medido mentalmente la distancia que lo separaba de la puerta. Podía estar fuera de este sitio a los dos segundos de recibir la mala noticia.

—…y por lo tanto, nos complace ofrecerle un cupo para que inicie sus estudios este otoño.

—¿Le importaría repetir lo que acaba de decir? —dijo Arnold, haciendo esfuerzos para que su voz no sonara muy estridente.

—Le decía que ha sido admitido en nuestra universidad. Y sugerimos que inicie sus estudios en el trimestre de otoño —le explicó la señorita Mitchell con una sonrisa radiante.

—Gracias, muchas gracias, señorita Mitchell —dijo Arnold mientras apretaba su mano una y otra vez.

—Con todo gusto, joven amigo —contestó ella—. Sé que no nos va a defraudar.

—Voy a hacer todo lo posible por ser exitoso. Y gracias de nuevo —dijo y se alejó a toda prisa por el pasillo, saltó de tres en tres las escaleras exteriores y se frenó en seco en cuanto vio a María, quien estaba debajo de un árbol, esperándolo pacientemente.

—Ya estoy adentro —le dijo con regocijo—. Me aceptaron.

María miró a su esposo rebosante de alegría. Nunca lo había visto tan positivo y tan decidido a hacer algo. Le dio un fuerte abrazo.

—Bueno, y ahora es mejor que ambos nos vayamos de vuelta a trabajar —dijo María.

## CAPÍTULO 13

Planeación y acción

Era un sábado por la mañana y sus hijos estaban en casa de su suegra, de modo que Arnold tenía un par de horas a solas. Estaba sentado a la mesa de la cocina y tenía enfrente su Informe de Enfoque y su Informe de Retroalimentación. Primeramente, releyó su Informe de Retroalimentación. Allí podía ver meses y meses de desempeño deslucido reflejados en el informe. Se acordaba de aquellos días en que no le preocupaba si sus máquinas producían alambre de alta calidad o no.

Al mirar los dos informes juntos se sentía mejor. Se daba cuenta de que tenía más FCEs en el Informe de Enfoque que en la parte inferior del Informe de Retroalimentación. Eso significaba que al menos algunos de sus FCEs se encontraban en un rango aceptable.

Arnold se dijo a sí mismo que este desempeño negativo quedaba en el pasado. El futuro estaba en sus propias manos y contaba con un instrumento para mantenerse enfocado y seguir avanzando. Sentía que estaba en condiciones de mejorar sus FCEs y esforzarse por alcanzar sus metas satisfactorias.

Lo único que necesitaba era un plan. Se echó hacia atrás y trató de hacerse una imagen mental del proceso de producción del alambre. El Infoman le había dicho que cuando tuviera un factor negativo debía ingeniar un plan de acción creativo.

Arnold sacó las notas que le había pasado el Infoman sobre resolución de problemas. Paso 1: Identificar un problema específico. "Un problema es el desperdicio", escribió en lo alto de la página. Paso 2: Haz una lluvia de ideas para identificar las causas del problema, ya sea por tu propia cuenta o con otra(s) persona(s). Para identificar con exactitud las principales causas del problema, continuaban diciendo las notas, comienza con un amplio rango de posibilidades. Una lluvia de ideas por tu propia cuenta es más difícil que hacer el ejercicio con un equipo. Asegúrate de considerar todas las posibles causas importantes del problema; podría ser recomendable estructurar tu exploración dentro de un par de categorías específicas.

"¿Categorías?", pensó Arnold. Siguió leyendo. También puedes considerarlas como grupos de posibles causas. En tu caso, por ejemplo, las posibles categorías son: personas, procedimientos, maquinaria y materiales.

Bien, así que tengo que pensar en las causas de mi problema dentro de estas categorías, se dijo.

Arnold empezó a redactar su lista. Cuando terminó, su hoja tenía este aspecto:

CAUSAS DEL DESPERDICIO

Personas
a) Descuido al manipular los rollos
b) No minimizar los enredos que se hacen en los rollos
c) Cortar demasiado alambre y calificar como deficiente el alambre que sobra

Procedimientos

a) Rellenar los rollos de manera desordenada

b) No definir adecuadamente lo que significa material de desecho

Maquinaria

a) Capas de esmalte desiguales

b) Incapacidad de ajustar la velocidad para cada rollo

Materiales

a) Alambres de mala calidad

b) Material de revestimiento demasiado grueso o demasiado fino

Trató de pensar en al menos dos ejemplos para cada categoría. Volvió a mirar las notas. El Infoman no le había hablado de esto durante el encuentro, pero como no quería que Arnold se atrasara, le había dejado una serie de instrucciones por escrito. Parecía tener un particular interés en que Arnold recorriera todos los pasos del proceso. Arnold se preguntó la razón.

"Una vez que sientas confianza de que has identificado todas las causas reales en cada una de las categorías, trata de determinar cuál de todas esas causas has identificado como tu causa principal."

Arnold reflexionó de nuevo sobre el proceso. De todas aquellas causas, ¿cuál era la principal causa de material de desecho? A juicio de Arnold, el mayor de los problemas residía en no minimizar los enredos que se hacen en los rollos. Sacó otra hoja de papel y escribió: "Plan de acción para reducir los enredos en el alambre en lo alto." Esta era la parte difícil. Tenía que enfocarse en esta causa particular y dilucidar una serie de pasos para eliminarla. Los pasos iban a constituir su plan de acción. Trató de pensar en distintos pasos que podría tomar para evitar que el alambre se enredara. La siguiente es la lista que se le ocurrió:

- Llega puntualmente al trabajo.
- Identifica las luces de alarma amarillas o rojas antes de que empiece tu turno y acude inmediatamente a mantenimiento para pedirle al supervisor que envíe a alguien para ayudarte con las máquinas que están alertando de un problema.
- Cuando empieces tu turno, verifica de inmediato todas las funciones y suministros.
- ¿Hay suficiente alambre debidamente almacenado?
- ¿Cuándo fue la última vez que se engrasaron las máquinas?
- ¿Están los termostatos en buen estado de funcionamiento?
- ¿Se encuentran los hornos en la temperatura óptima?
- Comienza a hacer la nueva ronda que has diseñado para revisar las máquinas. En todo momento, debes estar en movimiento. No dejes de dar vueltas alrededor de tus máquinas a un ritmo constante, parejo.
- Todos los hornos deben ser revisados cada diez minutos, incluyendo alimentadores, posibles enredos de material, rendimiento, secado y apilamiento.
- Habla de nuevo con el operador del montacargas y agradécele por no dejar que falten los suministros. Pídele que mueva las pilas de alambre más cerca para que puedas reducir el número de pasos cuando llevas el alambre a las máquinas.
- Mantén tu atención en los signos vitales. ¡Revisa la temperatura! Se debe prestar atención de inmediato a cualquier luz amarilla que aparezca. ¡Los segundos pueden ser valiosos! Trata de evitar que cualquier luz amarilla pase a ser una luz roja.

Ahora que había identificado los pasos específicos, el problema del material de desecho o chatarra pasaba a ser de alguna manera más manejable. Arnold sintió una corriente de emoción. Se incorporó y caminó por la cocina.

Puso a colar café y se quedó mirando fijamente por la ventana mientras el café estaba listo.

Con planes de acción concretos puedo elevar todos mis factores negativos, no solo hasta la franja de aceptables, sino al nivel de satisfactorio.

Se sirvió el café, le sacó punta a un par de lápices y de nuevo se sentó a trabajar.

Arnold pasó el siguiente par de horas pasando revista a cada uno de sus factores negativos para adoptar un plan de acción siguiendo el mismo análisis sencillo de causa y efecto. Estaba determinado a eliminar uno o dos negativos de la parte baja de su Informe de Retroalimentación. También estaba determinado a obtener al menos un positivo. Esto significaba alcanzar alguna de las metas satisfactorias.

Arnold decidió pasar el lunes revisando los pasos de su plan de acción. El martes iría a trabajar más temprano y comenzaría a hacer los cambios necesarios en su rutina.

Durante todo el día del lunes pensó cuidadosamente sobre cada aspecto de su trabajo. Y durante la semana, hizo un esfuerzo por estar siempre concentrado y en constante movimiento. Supervisó cuidadosamente los signos vitales de sus máquinas. Estuvo pendiente cada día de cada una de las luces que se encendían y cuántos minutos permanecían encendidas. En cuanto veía una luz amarilla, saltaba a la acción y trabajaba incesantemente hasta resolver el problema.

Al supervisar cuidadosamente sus máquinas y actuar con velocidad sabía que podía reducir dramáticamente la duración de los tiempos muertos, la seriedad de los problemas y la cantidad de material de desecho.

El viernes por la tarde, Arnold se sentó en la zona de aceite y con las manos manchadas de grasa se puso a registrar los resultados de sus esfuerzos de esa semana.

A duras penas podía creer los resultados. ¡El número de luces rojas se había reducido de 43 a 29! ¡Los minutos totales en que las luces rojas habían estado encendidas se habían reducido de 120 a 70! El porcentaje de desechos reflejaba estas cifras. ¡Su porcentaje había caído de 11 a 7! Se había esforzado para comunicarse con sus proveedores y pensaba que honestamente había ganado su apoyo.

De modo que había alcanzado esta meta satisfactoria y había eliminado tres negativos de su Informe de Retroalimentación. Todos sus FCEs habían mejorado. Arnold tenía confianza en que si se concentraba en sus FCEs uno por uno, podría llegar hasta sus metas satisfactorias en cuestión de un mes. Allí sentado en aquel cuarto deprimente, Arnold se sentía un hombre feliz.

Recogió su lonchera, se puso el sombrero y caminó hasta la parada del autobús con paso firme y seguro.

Subió al autobús, se sentó y se quedó mirando hacia afuera. "Voy a conseguirlo, Infoman", pensaba para sus adentros.

"En mi trabajo he comenzado de nuevo gracias a ti, —y voy a tener éxito."

El Infoman había decidido tener la última reunión con los Turner en el apartamento de ellos. El sábado a las 8 de la mañana estaba en su cocina y pasó diez minutos escuchando a Arnold hablar de su informe y felicitándolo por sus mejoras.

—Hablo en serio cuando te digo que esto es un gran logro, Arnold—afirmó el Infoman—. Te has sobrepuesto a muchos obstáculos, has demostrado tener muchos recursos y realmente estás avanzando a grandes pasos por el camino correcto. Estoy orgulloso de ti y estoy seguro de que María también. ¡Los dos esperamos grandes cosas de ti! —le dijo enfáticamente guiñándole un ojo.

Arnold no tenía mucho que decir. No hacía más que sonreír de oreja a oreja, mientras se sentía relajado y pleno de confianza.

—Ha sido muy útil para mí pasar tiempo con ustedes —dijo el Infoman—, ahora siento que tengo una buena noción de los problemas en la fábrica. Pero también veo el potencial para mejorar, así que puedo ir a hablar con Tom Brown y dar razones de peso por las que esta planta se debe mantener abierta. ¡En este caso Tom tenía razón!

—¿Quién es Tom Brown? —preguntó Arnold.

—Es el vicepresidente a cargo de operaciones en XCorp —contestó el Infoman—. Él siempre ha pensado que el problema con la productividad es la maquinaria. Usualmente estoy en desacuerdo con él. Pienso que por lo general se debe a los procesos y a las personas. En este caso, también los procesos necesitan que se les preste atención, pero ciertamente no estaré en desacuerdo con su plan para modernizar esta planta. Le hace falta. Ustedes están trabajando con una maquinaria verdaderamente obsoleta.

—Ahora escuchemos a María —dijo el Infoman—. ¿Qué resultado han tenido tus esfuerzos? ¿Se ha dado cuenta ese jefe tuyo de la persona tan valiosa que tiene a su cargo?

—Bueno, me ascendió a jefe de cajeros —dijo María radiante de alegría—. Y me ha pedido que comparta todo este conocimiento que he recibido de ti con los demás cajeros. Vamos a empezar a mirar nuestros Informes de Enfoque y de Retroalimentación cada semana. Ya eso ha significado una diferencia enorme. Ahora hay energía en el banco y la gente está concentrada en hacer las cosas correctas. ¡Ha sido estupendo!

La mañana del lunes se presentó una emergencia en la planta. El jefe de Arnold se encontraba ausente y lo estaba remplazando el gerente de la sección, quien llamó a todos los operarios para una reunión. Éste inmediatamente notó la presencia de Arnold. La manera en que hablaba y se comportaba parecía diferente de la de los demás. Durante la reunión, Arnold demostró responsabilidad y preocupación por las operaciones de la planta. El gerente de la sección le dijo que lo viera en su oficina después de la reunión.

—Quedé impresionado con tus comentarios —le dijo a Arnold—. Pareces tener gran dedicación por la empresa. Ojalá todo el mundo actuara como tú. Recientemente, uno de nuestros clientes preferidos nos devolvió cien rollos de alambre deficiente y, en consecuencia, perdimos esa cuenta. Esto representa millones de dólares en ingresos perdidos para XCorp. Ninguno de ellos provenía de tu área. Dime, ¿qué has estado haciendo?

Arnold se mostraba alerta e involucrado. —Todos debemos prestar gran atención a las máquinas que están fabricando el alambre. Es algo de lo que estoy más consciente en los últimos tiempos. Por ejemplo, hace un par de semanas empecé a rastrear el número de luces con códigos de color que se encendían en mis máquinas indicando que se estaba produciendo alambre defectuoso. Al principio, el número era de 75 luces amarillas y 43 luces rojas por semana, para mis seis máquinas. El número total de minutos que las luces rojas permanecieron encendidas fue de 120 en una semana. Implementando un par de planes de acción sencillos, me las arreglé para reducir esta cifra a 70 minutos en una semana. Estoy seguro de que cualquier operario podría hacer lo mismo.

—Sé que estas cifras pueden mejorar aún más —continuó diciendo Arnold—. Todos sabemos que cuando se enciende la luz roja significa que se está envolviendo el rollo con alambre deficiente. Si el departamento de control de calidad no identifica ese rollo, podría ser enviado a un cliente. Así que una buena parte del problema se encuentra allí mismo en el área de máquinas. Mi opinión es que todos los turnos deberían trabajar conjuntamente para identificar y rastrear los factores críticos de éxito para así mejorar la calidad. De esa manera, toda nuestra sección va a mejorar.

El gerente de sección estaba impresionado. Decidió examinar los records de Arnold y constatar qué tal había sido su desempeño. Una vez que Arnold salió de su oficina, el gerente, el señor Erdman, examinó numerosos informes de XCorp y pudo comprobar que el turno de Arnold había tenido el mejor desempeño tanto en calidad como en productividad. Más tarde ese mismo día, llamó a Arnold para verle de nuevo.

—He examinado el rendimiento de la planta durante las pasadas semanas y el desempeño de tu turno ha tenido niveles más altos que los otros. He notado una mejora constante durante las semanas pasadas. Estoy empezando a concluir que tu desempeño individual bien podría ser la causa. Por esta semana te voy a nombrar supervisor en funciones y ya veremos qué tal te va.

Arnold no podía dar crédito a lo que acababa de escuchar. El gerente volvió con él al piso y lo presentó a los diez operarios que quedarían a su cargo como el supervisor en funciones.

Al final del día Arnold se sentía agotado pero contento. No veía la hora de volver a casa y contarle todo a María y los niños.

María quedó encantada con la noticia. —Sabía que podías hacerlo —le dijo.

El martes por la mañana, Arnold empezó a definir una estrategia para la semana. Sabía por experiencia propia que los problemas serían resueltos solamente si los operarios tenían la motivación para hacerlo. Sabía que su reto era el de motivar a los operarios del mismo modo que el Infoman lo había motivado a él y no el de arreglarles los problemas que se les presentaran.

Arnold comenzó a pasar tiempo con cada uno de los operarios. Mostró interés en sus respectivos trabajos y preocupación por los problemas que debían resolver. Les ayudó a pensar en maneras en las que podrían mejorar su desempeño. Empezó a plantar la semilla de las ideas que había aprendido y a crear la conciencia de que debían ampliar la perspectiva sobre su trabajo.

Durante la semana que Arnold estuvo actuando como supervisor, la sección de esmaltes de la planta se fue sintiendo cada vez más motivada. El desempeño global de la sección mejoró y se fue desarrollando una actitud de cooperación. Arnold confiaba en que algún día tendría la oportunidad de presentar a sus compañeros de trabajo el concepto de los factores críticos de éxito. Elaboró una lista de los problemas clave que a su juicio debería confrontar la planta.

El lunes siguiente, Joe Bosco, el jefe de Arnold, estaba de regreso en su puesto y Arnold de regreso a trabajar junto a sus máquinas. Los operarios echaban de menos el liderazgo de Arnold. Joe estaba haciendo sus rondas por el piso y haciendo preguntas sobre la semana que no había estado presente, cuando escuchó que lo llamaban para ir a ver a su jefe.

El gerente de sección, John Erdman, le pidió a Joe su opinión sobre los problemas de calidad en la planta, las devoluciones de los clientes y la pérdida de un cliente importante.

—En términos generales nuestra calidad no es demasiado mala —respondió Joe evasivamente.

—¿Estás completamente satisfecho con la calidad de nuestros productos? —le preguntó John.

—Por supuesto que no, pero en promedio nuestra calidad no es mala.

—Y en tu opinión, ¿qué es lo que causa las devoluciones por parte de nuestros clientes?

—Nuestro principal problema es el alambre defectuoso que llega a nuestra zona. Si el proveedor cumpliera mejor su trabajo, nuestros productos serían mejores.

—¿Y qué sugieres que hagamos al respecto? ¿Tienes algún plan?

—No hay nada que yo pueda hacer; realmente está fuera de mi control, no puedo responsabilizarme de la baja calidad del trabajo de los proveedores —replicó Joe—. Nuestros operarios están haciendo lo mejor que pueden. No les puedo pedir que trabajen aún más duro.

—¿Hay alguno de tus operarios que realice un mejor trabajo en términos de calidad que los demás?

—Todos están más o menos al mismo nivel. Puede ser que uno de ellos tenga un mal día. Otro día le puede ocurrir a otro operario. Ya sabes, estamos hablando de personas.

John se estaba molestando con las respuestas de Joe. No estaba seguro de si Joe estaba siendo evasivo o si realmente no tenía las respuestas para esas preguntas. Decidió observarlo más de cerca durante aquella semana.

El viernes a las 5 de la tarde, Arnold escuchó que lo llamaban a reportarse a la oficina del jefe de su sección. No tenía idea de a qué atenerse. Después del regreso de Joe, todo había vuelto gradualmente a lo habitual. Era casi como si la semana en que había actuado como supervisor jamás hubiese existido.

Entró a la oficina y cerró la puerta a sus espaldas.

—Siéntate, Arnold —le dijo John—. Quiero que sepas que he estado examinando las cifras correspondientes a las semanas anteriores y he constatado que en tu turno ha mejorado la calidad, al tiempo que se ha reducido considerablemente la cantidad de material de desecho. Me inclino a pensar que esto tiene algo que ver con la historia que me estabas contando sobre las luces rojas y las luces amarillas.

—Es más —dijo John—. He observado cuando hablabas con los operarios la semana pasada y resulta obvio que tú tienes mucha más capacidad para motivarlos que Joe. Basado en toda esta información, te estoy ofreciendo la posición de supervisor del turno, remplazando a Joe. Me reportarás directamente a mí y vas a pasar de percibir un sueldo por hora a recibir un salario. Tu salario será sobre la base del sueldo más alto que hayas recibido hasta la fecha, con un incremento del 50%. Tengo fe en tus capacidades y aprecio la dedicación que le has demostrado a esta empresa. ¡Muchas felicitaciones y espero grandes cosas de ti, Arnold!

—¡Muchas gracias! —respondió Arnold—. Aprecio enormemente esta oportunidad y la fe que tiene en mí.

Estrechó la mano que le tendía John Erdman y salió de su oficina. —Y gracias, Infoman —dijo en voz alta—. Tu promesa ya se ha hecho realidad y yo apenas estoy empezando a mejorar.

Parte III
GESTIÓN

## CAPÍTULO 14

El Informe de Gestión

Había pasado algún tiempo desde la última vez que el Infoman se encontrara con Brian. Había estado ocupado visitando algunas instalaciones de XCorp y enterándose acerca de la empresa y los desafíos que enfrentaba. Había ayudado a varias personas, entre ellas Arnold Turner, a entender y utilizar los informes de enfoque y de retroalimentación. Había estado en contacto con Tom Brown, el vicepresidente de operaciones y Peter Clarke, el vicepresidente de ventas. Desde su anterior reunión con Brian, los gerentes de XCorp habían empezado a usar sus informes de enfoque y de retroalimentación. Brian había participado activamente durante todo el proceso de definición para los ejecutivos de alto rango y su grado de interés había ido en aumento. Había revisado muchos de los informes de enfoque, había hecho numerosas preguntas y había aprendido mucho sobre la empresa.

Un día, de pronto se le ocurrió a Brian que el problema de información que había identificado inicialmente ya estaba resuelto. A través de este proceso había descubierto los verdaderos problemas y las oportunidades en XCorp. Se dio cuenta de que no se había visto con el Infoman por varias semanas. Mientras estaba ocupado pensando en esto, sonó el teléfono. Su asistente le informó que el Infoman lo llamaba.

—Pásamelo —dijo Brian.

—¿Cómo va todo? —preguntó el Infoman.

—¡Muy bien! Justamente estaba pensando en ti.

—Me alegra que no me hayan olvidado —dijo el Infoman—. ¿Están listos para mi próxima visita?

—Seguro que lo estamos. La mayoría de nuestros gerentes han definido sus factores críticos y metas. Muchos de ellos están empleando sus informes.

—Bien. Podemos vernos el jueves a las nueve.

Brian confirmó la fecha.

—Me alegra verte de nuevo —dijo el Infoman, al pasar por la puerta del despacho de Brian—. ¿Cómo van las cosas por aquí?

—Para serte sincero, mucho mejor de lo que anticipaba —respondió Brian—. Desde nuestro primer encuentro, he aprendido mucho sobre esta empresa y he podido iniciar cambios importantes. Hemos identificado las contribuciones clave al Valor Económico Agregado (EVA) y nos hemos asegurado de que esas contribuciones sean medidas como factores críticos de éxito para las personas dentro de la organización. Hemos tomado decisiones severas para causar impacto en el EVA, incluyendo la eliminación de niveles y de trabajos que no poseen factores críticos de éxito destacados. Hemos cerrado el 20% de nuestras plantas y consolidado nuestros procesos de producción. Nos hemos enfocado en el 5% de nuestros clientes más importantes y les proveemos un servicio destacado. Estoy empezando a ver la forma en la que todo ello nos llevará a abonar dividendos.

—Estupendo —dijo el Infoman—. Esto es solo el comienzo de un éxito extraordinario para XCorp.

—Gracias por tu ayuda —dijo Brian.

—Realmente no he hecho otra cosa que compartir algunos conceptos —respondió el Infoman—. El crédito lo merece tu gente.

—Bueno, ¿y tienes otros conceptos que quieras compartir con nosotros?

—Sí, hay otro informe con el que te quiero familiarizar. Creo que te va a entusiasmar mucho conocerlo y utilizarlo. Es el tercer informe de una página, el Informe de Gestión. ¿Qué te parecería disponer de un informe en una página que te permita tener una visión general de las excepciones en el desempeño de toda tu empresa?

—¿De verdad quieres decir toda la empresa en una sola página? —preguntó Brian.

—Sí, eso quiero decir.

—Parece demasiado bueno para ser verdad —dijo Brian—. Aunque también hay que pensar que ya me has sorprendido otras veces.

El Infoman sonrió y dijo: —No es demasiado bueno para ser verdad. Es una gran herramienta que te permite saber lo que está pasando globalmente en la empresa, lo cual creo que es muy importante para ti.

Brian escuchaba atentamente.

—Permíteme ilustrar el concepto —dijo el Infoman, mientras caminaba hacia el tablero y tomaba un marcador. Dibujó un gran cuadrado y lo dividió en cuatro partes.

—Este informe de una página contiene cuatro zonas. El cuadrante superior izquierdo es para las excepciones positivas de tus colaboradores indirectos, es decir personas dos o más niveles abajo de ti hasta los niveles inferiores de la organización. El cuadrante inferior izquierdo es para las excepciones negativas de tus colaboradores indirectos. El cuadrante superior derecho es para las excepciones positiva de tus colaboradores directos. El cuadrante inferior derecho es para las excepciones negativas de tus colaboradores directos.

EL INFORME DE GESTIÓN

Personas varios niveles abajo que reportan indirectamente a usted	Personas un nivel abajo que reportan directamente a usted
Zona 1: Positiva Destacados por desempeño excelente de personas varios niveles abajo	**Zona 2: Positiva** Destacados y detalles de buen desempeño de personas que reportan directamente a usted
Zona 3: Negativa Destacados por problemas crónicos de desempeño varios niveles abajo	**Zona 4: Negativa** Destacados y detalles de problemas en el desempeño de personas que reportan directamente a usted

—Ahora, obviamente no puedes incluir en una página todas las excepciones positivas de todos tus colaboradores indirectos, ni siquiera las de tus colaboradores directos. Aquellas que sean reportadas hasta tu nivel serán las excepciones que se hayan venido repitiendo por varios períodos consecutivos.

—¿Cuántos? —preguntó Brian.

—Eso es algo que tú puedes decidir. Así pues, cuando revises los dos cuadrantes izquierdos de tu Informe de Gestión vas a ver solo aquellas excepciones que han sido buenas o malas durante un tiempo lo suficientemente largo para requerir tu atención. Este concepto de escalamiento tiene dos beneficios. Primero, que te vas a enterar de todas las buenas y las malas noticias que deben ser consideradas a tu nivel. Tendrás acceso directo a información clave sin tener que preguntar a tus colaboradores directos. Segundo, que empodera a los gerentes para solucionar los problemas que ocurran dentro de su área de autoridad sin que tengan que intervenir los niveles superiores. Pero en algún momento un asunto recurrente debe llegar a tu atención. Con empleados que se desempeñan de manera sobresaliente, es importante mantener la transparencia que garantizará que sean reconocidos y que su jefe no se está llevando todo el mérito.

—¿Entonces cuando el desempeño de una persona es sobresaliente por un tiempo prolongado me voy a enterar? —preguntó Brian.

—Sin duda —respondió el Infoman.

—¿Cómo se genera este informe?

—¿Te acuerdas de nuestra conversación la primera vez que nos encontramos?

—Creo que sí, aunque quizás no recuerde todo.

—Pues bien, te decía que necesitabas un sistema de filtrado para extraer la información útil que requiere cada gerente y dejar de lado el resto; de otra manera, el gerente se estaría ahogando en un océano de información.

—De eso me acuerdo.

—Te indiqué que la creación de un sistema de filtrado exige la instalación de un sistema al que llamo TOPS o software de una página. Ya has hecho la definición al construir los Informes de Enfoque. Ahora necesitas instalar TOPS y conectarlo a tu centro de datos y a otras bases de datos para producir los tres informes de una página para todos tus gerentes. Automáticamente, TOPS completará tu Informe de Gestión basándose en las reglas de escalamiento que hayas predefinido. Por ejemplo, un factor crítico que ha sido positivo o negativo por más de cuatro períodos consecutivos puede ser reportado dos niveles hacia arriba del gerente responsable de dicho factor. Podría reportarse hasta tres niveles hacia arriba si la excepción continúa por más de ocho semanas consecutivas. Por supuesto, la regla de escalamiento podría personalizarse para que cada factor tenga su propia regla para ser reportado hacia arriba. Cualquier nombre y factor que aparezca en tu Informe de Gestión significa que algo está pasando que merece tu atención. Más aún, no solamente tú ves la excepción en tu Informe de Gestión sino que también la persona responsable del factor será informada, a través del Informe de Retroalimentación, de que tú conoces dicha excepción.

Brian observó el diagrama por unos minutos.

—Si solo viera este informe, ¿qué me estaría faltando acerca del desempeño de mis empleados? —preguntó.

—Nada significativo —dijo el Infoman con una sonrisa—. Este informe está completo si se satisfacen dos condiciones. La primera es que cada uno de tus gerentes haya definido con precisión todos sus principales factores críticos, y la segunda condición es que las metas de cada gerente hayan sido fijadas apropiadamente. Entonces, este informe recogería cada condición excepcional desde abajo, positiva o negativa, que merezca atención.

—¿Qué pasa con los gerentes que se desempeñan justo lo suficiente para evitar estar en las zonas positivas o negativas? ¿No pasarían desapercibidos, escondiéndose detrás de todo el esquema de filtrado de este sistema?

—Es una excelente pregunta —dijo el Infoman—. Eso no va a pasar si las líneas de metas para los factores críticos de éxito están inclinadas en lugar de horizontales.

—¿Qué quieres decir? —preguntó Brian.

El Infoman le mostró a Brian un ejemplo de una línea de metas inclinada para el nivel mínimo y el satisfactorio (véase gráfico de la página siguiente).

—Si una persona no mejora de manera continua, su desempeño caerá tarde o temprano dentro de la zona negativa y será reportado más arriba.

El Infoman miró a Brian, sonrió e hizo sus comentarios finales con confianza.

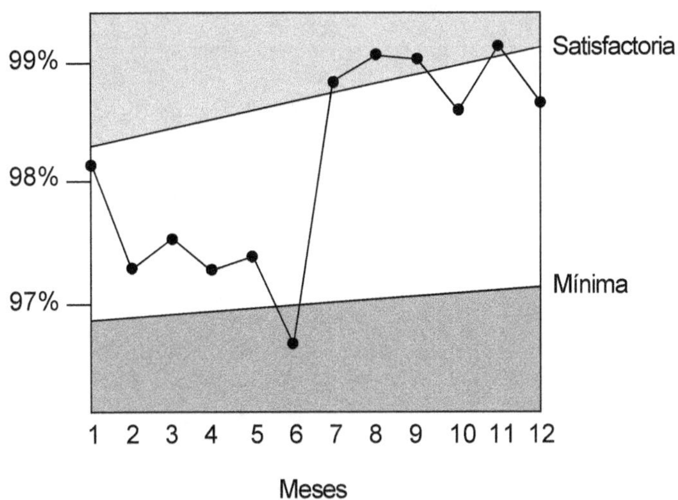

% de efectividad en la producción

—Tu principal objetivo es dar un vuelco a XCorp —dijo—. Creo que ya lo estás haciendo. Tengo confianza en ti.

—Gracias por tu apoyo —dijo Brian.

—Ahora tienes un sistema que te dará una herramienta muy poderosa para el mejoramiento de XCorp. ¡Te deseo el mejor de los éxitos, y seguiré en contacto contigo! —y diciendo esto se despidió y se fue.

## CAPÍTULO 15

El poder de *Administración en una página*

XCorp implementó *Administración en una página* en toda la corporación. El sistema de software fue instalado y vinculado a las bases de datos ya existentes. A los gerentes se les dio acceso a sus informes de una página a través de Internet. Los tres informes de una página se convirtieron en los principales informes de gerencia empleados en la compañía.

Seis meses después, un lunes por la mañana, Brian se encontraba leyendo su Informe de Gestión. Se dio cuenta de que había un nombre en la esquina superior izquierda, un lugar que había estado vacío hasta ahora (véase gráfico de la página siguiente).

¡Arnold Turner! ¿Quién es? —se preguntó.

Brian señaló el nombre de Arnold con el cursor e hizo clic. La foto y datos biográficos de Arnold aparecieron en la pantalla. Llamó a su asistente.

—¿Puedes contactar a Arnold Turner en la planta de alambres de Kansas? Quisiera conocerlo —dijo Brian—. Por favor, haz los arreglos para que venga una mañana de la semana próxima. También infórmale a Tom Brown y al gerente de la planta en Kansas que voy a ver a Arnold Tur-

INFORME DE GESTIÓN PARA BRIAN SCOTT

Período que termina el 31 de diciembre

Buenas noticias de colaboradores indirectos			Buenas noticias de colaboradores directos					
Nombre	Factor crítico o iniciativa	# de períodos consecutivos	Nombre	Factor crítico o iniciativa	Estatus	Meta Satisfactoria	# de períodos consecutivos	Tendencia
Arnold Turner	% de desperdicio	18	Brown	% de desviación del presupuesto de austeridad	1	5	3	B
			Locke	% de quejas pendientes	8	10	2	B
			Rayner	% de costo del capital	7,3	7,5	2	M
			Clarke	% de crecimiento en ventas en canales tradicionales	5	4,8	2	B

Retos de colaboradores indirectos			Retos de colaboradores directos					
Nombre	Factor crítico o iniciativa	# de períodos consecutivos	Nombre	Factor crítico	Estatus	Meta Mín/Máx	# de períodos consecutivos	Tendencia
Joe Davis	% de rechazos	17	Brown	% de envíos que exceden los estándares	45	60	5	M
			Brown	% de plantas que mejoran los costos por unidad del principal competidor	5	10	3	B
			Clarke	% de crecimiento en ventas en nuevos mercados	7,5	8	4	M

ner para agradecerle personalmente por mantener nuestro material de desecho al mínimo.

Joanne Evans llamó a Arnold en Kansas y lo invitó a que viniera a Nueva York para encontrarse con el señor Scott.

Arnold estaba emocionado. Llamó a su esposa para compartirle la noticia.

El martes por la mañana, Arnold llegó a la oficina central de XCorp. Se sentía orgulloso al entrar al impresionante edificio. Tomó el elevador hasta el piso 20 y se acercó al escritorio de Joanne Evans.

—Usted debe ser el señor Turner —dijo Joanne—. Bienvenido, y por favor tome asiento. El señor Scott estará con usted en unos minutos.

Pronto se abrió la puerta y Brian caminó hasta donde estaba Arnold con una sonrisa y una cálida bienvenida. —Vi tu nombre en mi Informe de Gestión —dijo.

—¡Estupendo! —respondió Arnold—. Mi Informe de Retroalimentación indicaba que las noticias te iban a llegar, pero no estaba seguro de que te darías cuenta.

—¡Por supuesto que me di cuenta! —dijo Brian—. Por favor, pasa a mi oficina.

Se sentaron en sillas muy cómodas y Brian pidió café para ambos.

—Dime, ¿cómo llegaste a ser tan excelente trabajador? —preguntó Brian.

Brian había investigado el desempeño de la planta de Kansas y había descubierto que Arnold había ayudado a ahorrar millones de dólares para XCorp a través de una impresionante mejora en la reducción de los materiales de desecho.

—Bueno, a decir verdad, anteriormente era un trabajador mediocre con una mala actitud. Cuando aprendí acerca de los Cuatro Pasos Sencillos y traté de aplicarlos, comencé a pensar seriamente acerca de mi trabajo. Mientras que estaba tratando de ver cuáles eran mis relaciones en la planta, tuve que ir a hablar con esas personas. Entonces aprendí mucho acerca de mi trabajo y de las cosas que no estaba haciendo bien. Escribí mi primer Informe de Enfoque y comencé a hacer un seguimiento de mis factores críticos de éxito. Tenía catorce factores pero eran demasiados para permitir que me mantuviera enfocado, así que elegí cinco factores críticos de éxito. Incluían mediciones de comportamiento y mediciones de resultados.

Fue divertido ponerme mis propias metas y luego tratar de superarlas. Seguí cambiando las metas y poniéndolas más altas a medida que mejoraba mi trabajo. Pronto me di cuenta de que realizar un buen trabajo era más emocionante de lo que había imaginado. Las cosas empezaron a mejorar más y más.

A Brian le agradaban la honestidad y el entusiasmo de Arnold. Sabía que estaba hablando con un verdadero empleado estrella, uno que agrega un tremendo valor a la corporación. Brian le agradeció a Arnold en nombre de los accionistas de XCorp por el magnífico trabajo que había hecho al mantener los desechos al mínimo en la planta de Kansas.

—¡Quiero que sepas —dijo Brian—, que ciertamente me estás ayudando mucho a tener éxito en mi propia meta de darle un vuelco a esta corporación!

Brian pasó un tiempo más con Arnold, hablando acerca de la empresa. Aprendió muchísimo sobre ella desde su perspectiva de operario de fábrica. Finalmente, cuando llegó la hora de partir para Arnold, Brian dispuso que su propia limusina lo llevara al aeropuerto.

Doce meses después de que Brian se reuniera con Arnold Turner, XCorp mostraba señales significativas de recuperación. Contrario a la experiencia previa de Brian, los problemas de

XCorp eran en gran medida organizacionales. La agudeza de Brian para los negocios, junto a su capacidad de respuesta a las condiciones del mercado, incrementada en gran parte por la importante ayuda de la información recibida a través de los informes de una página y las importantes estrategias desarrolladas, tuvieron como resultado el esperado giro de XCorp. La calidad mejorada de los productos de XCorp disparó las ventas mientras que la productividad aumentaba. El resultado fue un sustancial incremento en el margen de ganancia neta de XCorp —un escenario que complacía ampliamente a los accionistas y a la Junta Directiva.

Con ocasión del segundo aniversario de su relación con XCorp, Brian reflexionaba sobre su primer encuentro con el Infoman. Nunca olvidaría su promesa: "Puedo ayudarlo con su problema de información. Y con mucho más". Con muchísimo más —se dijo Brian.

Y ahora la secuela …

Administración en una página introduce un sistema que permite a todos los empleados, desde los cargos más altos hasta los más bajos, pensar acerca del valor que agrega a la compañía su trabajo y sentirse empoderados para apropiarse de la contribución que harán para el éxito de la organización. Su secuela, *Logrando la alineación total*, construye y se cimienta sobre *Administración en una página* para garantizar el éxito de la organización en su conjunto. Proporciona los conceptos y la metodología para unificar la visión en los cargos superiores, alineando la estrategia con la visión, e implementando un sistema de responsabilidad que incluya a la totalidad del equipo de trabajo. Por otra parte, este libro nos muestra cómo expandir el concepto de alineación con la visión y la estrategia para incluir las aptitudes, la cultura y la recompensa, y cómo facilitar esta alineación dentro de la organización.

En tanto que en *Administración en una página* las personas usan Cuatro Pasos Sencillos para definir un informe de una página para sí mismos y se sienten capacitados para asumir la responsabilidad de su contribución al éxito de la organización, en *Logrando la alineación total*, el equipo de liderazgo emplea una metodología de alineación integral para llegar a informes de una página para todos los trabajos. El Informe de Enfoque producido en *Administración en una página* es autodefinido, mientras que el Informe de Enfoque de *Logrando la alineación total* está subordinado a la visión y la estrategia de la empresa. Ambos enfoques son válidos y se complementan entre sí.

Para garantizar la alineación horizontal y vertical, *Logrando la alineación total* introduce el concepto de responsabilidad interfuncional y presenta una metodología para definir cuatro roles distintos de cómo impactar el desempeño: impacto directo sobre el éxito, influencia interfuncional e influencia de gestión de línea punteada. También formaliza el ritmo de la revisión regular y el seguimiento del desempeño basado en los informes de una página en un proceso de gestión de revisiones de equipo y revisiones verticales que tienen lugar en todos los niveles de la organización. El resultado es una mayor colaboración entre las áreas funcionales, una ejecución eficaz de la estrategia de la compañía y un impacto notable en el resultado final.

Escrito con un estilo ágil de novela de negocios, con muchos de los mismos personajes que aparecen en *Administración en una página*, *Logrando la alineación total* ayudará al lector a crear una organización fuerte, exitosa y eficiente, con una cultura de empoderamiento, orientación a datos, mejoramiento de las competencias, colaboración, resolución de problemas y aprendizaje.

Acerca de los autores

Riaz Khadem

Riaz Khadem es el fundador y CEO de Infotrac, una firma de consultoría con sede en los Estados Unidos, que se especializa en alinear y transformar organizaciones. Tiene más de veinticinco años de experiencia en la implementación de estrategia, gestión del rendimiento, liderazgo y transformación cultural.

Después de haber trabajado con miles de gerentes durante su carrera como consultor, el Dr. Khadem se dio cuenta de los muchos desafíos sistémicos que éstos enfrentaban: demasiada información, un sinfín de reuniones, objetivos incompatibles y excesiva presión para jugar a la política en las organizaciones limitadas por silos. Estos y otros desafíos, estaban causando que las personas perdieran el enfoque en lo que realmente importa y disminuyeran su capacidad para contribuir de manera efectiva a la ejecución de la estrategia. Para abordarlos, creó un nuevo modelo de gestión, diseñado para impactar la ejecución día a día. Por lo tanto, los conceptos únicos, metodologías y herramientas integradas en el modelo, se unen para alinear a la organización en todos los niveles y transformar la forma en que los gerentes trabajan.

El modelo de Alineación Total ha sido implementado en organizaciones en varios países: los Estados Unidos, el Reino Unido, Alemania, España, Austria, México, Colombia y Brasil, y en muchos giros, tales como manufactura, logística, seguros, bancos, salud y tiendas departamentales. Una breve lista de clientes con los que el Dr. Khadem ha trabajado durante su carrera como consultor incluyen United Technologies, Bellsouth, Bank South, GE Capital Mortgage, Avery Dennison, Mothercare, British Home Stores, Coca Cola Femsa, Grupo Bimbo, Liverpool, Bancomer, Oxxo, Softtek, Grupo Norsan, Grupo Guaymex y Benavides.

El Dr. Khadem ha dictado conferencias magistrales en foros de negocios en varios países y ha dado charlas plenarias a directores generales en los principales congresos de España, México y Colombia, incluida CEDE (Confederación Española de Directivos y Ejecutivos) en España y el Congreso de Innovación de WOBI (World of Business Ideas) en México.

El Dr. Khadem fue educado en Illinois, Harvard y Oxford (Balliol College) y posee un doctorado en Matemáticas Aplicadas. Ha ocupado cargos de docencia e investigación en la Universidad de Southampton en el Reino Unido, la Universidad de Northwestern en los Estados Unidos y la Universidad Laval en Canadá.

Linda J. Khadem

Linda Khadem es la vicepresidenta de Infotrac, una firma de consultoría estadounidense con sede en Atlanta, Georgia. Con su formación en Sociología y Derecho, ha ocupado un puesto doble en Infotrac, como consejera corporativa y coautora. Ella supervisa las marcas comerciales y los derechos de autor de la compañía, así como los contratos con clientes y representantes en todo el mundo. Ella ha contribuido en gran medida al desarrollo de conceptos y metodologías de Alineación Total y ha sido fundamental en la evolución de *Alineación total* a partir de *Administración en una página.*

Linda Khadem es también coautora de *Total Alignment-Tools and Tactics for Streamlining Your Organization,* publicado por Entrepreneur Press en 2017, y *Logrando la alineación total,* publicado por Infotrac en 2018.

Junto con su trabajo en Infotrac, sus contribuciones han estado en la promoción de la justicia. Se desempeñó como secretaria y luego presidenta de una organización nacional de 180 abogados, la sociedad de justicia bahá'í. Ha participado en numerosas conferencias sobre el tema de la justicia, incluidas conferencias en Atlanta, Chicago, San Francisco y Austin. Sirvió como coordinadora de clases para niños en once vecindarios de Atlanta, trabajando con los hijos de refugiados y promoviendo la educación moral y espiritual.

La Sra. Khadem estudió en la Universidad de Illinois y la Universidad de Emory en los Estados Unidos, la Universidad de Southampton en el Reino Unido y la Universidad McGill en Canadá. Ella tiene una licenciatura en Sociología por la Universidad de Illinois y un posgrado de Juris Doctor (J. D.) por la Universidad de Emory.

Robert Lorber

Robert Lorber es fundador, presidente y director ejecutivo de Lorber Kamai Consulting Group desde 1976. Durante los últimos 25 años se ha especializado en *coaching* para ejecutivos senior, *desarrollo ejecutivo de equipos* y *efectividad organizacional.* Como consultor reconocido internacionalmente y *coach* ejecutivo, ha trabajado con cientos de directores ejecutivos y sus equipos directivos, en compañías tanto de la lista Fortune 500 como organizaciones sin ánimo de lucro. Lorber es parte de numerosas juntas directivas.

El Dr. Lorber es reconocido internacionalmente como un experto en el área de negocios y es autor de libros sobre *coaching* ejecutivo, desempeño gerencial, liderazgo, trabajo en equipo, cultura y desarrollo estratégico. Es líder en *coaching* ejecutivo para directores y presidentes de todo tipo de orgaizaciones. Es coautor de *Putting The One Minute Manager To Work, bestseller* del *New York Times*, que creó con el renombrado consultor empresarial, el Dr. Ken Blanchard.

El Dr. Lorber fue nombrado miembro del Consejo Asesor de la Rectoría de UC Davis Graduate School of Management desde 1989. Enseña MGT y MGP 291: Leadership. El Dr. Lorber tiene una maestría en Sociología y un doctorado en Psicología Organizacional por la Universidad de California, en Davis.

De *Administración en una página* a *Logrando la alineación total*

Las empresas exitosas vigilan sus números. Miden su desempeño por medio de cientos de indicadores clave de rendimiento y trazan su futuro con estrategias creativas y efectivas. Prestan atención a las innovaciones y la tecnología. Sin embargo, un área que muchas empresas dejan de lado es la alineación. No se trata de que no hayan escuchado hablar del concepto, sino más bien, de que la alineación es algo que todavía no está en sus radares. No están aún conscientes del poderío inherente a la alineación. No se han dado cuenta de que la alineación posee la clave para acelerar el progreso hacia una visión de negocios e impulsar la productividad.

Administrar una empresa que no está alineada se puede comparar a conducir un automóvil que no tiene alineación en el motor y en las ruedas. Sí, se avanza, pero de manera ineficiente para el vehículo o la organización. El progreso será más lento y el recorrido más incierto.

¿Qué es exactamente la alineación? ¿Y cómo saber si su empresa está o no alineada?

La alineación existe cuando las acciones de cada una de las personas en la organización apoyan de manera directa a la visión y a la estrategia. ¿Cómo determinar si se cuenta con ella o no? Haga este sencillo ejercicio:

Pida a cualquier gerente y a uno de sus colaboradores directos que identifiquen independientemente cuál debería ser el objetivo prioritario del colaborador. Para ello, solicite a ambos que distribuyan la suma de 100 puntos entre las cinco principales responsabilidades del colaborador indicando de ese modo cuál es su importancia relativa. Se quedará asombrado de la falta de congruencia en las respuestas.

¿Debería preocuparle esto? Definitivamente sí. El éxito de una organización depende de lo que hacen las personas. Las cinco áreas clave de responsabilidad y su importancia relativa, determinan las prioridades de esa persona y dan forma a sus actividades. La diferencia en las respuestas indica una desalineación entre un nivel de la organización y el siguiente. Cuando se considera que existen miles de gerentes y docenas de niveles en algunas organizaciones, este efecto de desalineación se agrava y resulta en un enorme desperdicio de recursos. El alcance de la desalineación puede llegar hasta un 50%, incluso en organizaciones exitosas que han invertido millones de dólares en el desarrollo de recursos humanos o en cuadros de desempeño. La razón por la cual se descuida con frecuencia la desalineación es que resulta imperceptible. No aparece como un rubro en la cuenta de ganancias y pérdidas y sin embargo, representa una enorme disminución de las ganancias.

Logrando la alineación total aborda este asunto crucial y presenta un proceso innovador para la alineación de una organización. En este libro, introducimos un sistema de conceptos y metodologías con el apoyo de un software que integra de manera sencilla y eficiente las funciones estratégicas, operacionales, financieras y de recursos humanos de cualquier organización. Este enfoque singular concede una atención vital a los protagonistas esenciales del desempeño de una empresa: las personas.

En *Administración en una página*, precedente de *Logrando la alineación total*, presentamos un sistema para organizar información en tres informes de una sola página, personalizados para cada gerente. Debido a la asombrosa cantidad de retroalimentación positiva de lectores en todo el mundo, decidimos mantener el estilo y la simplicidad del libro original en *Logrando la alineación total*. Hemos creado los personajes y los diálogos con el propósito de transmitir claramente los conceptos.

Nuestro planteamiento es significativamente distinto al de otros autores y su fortaleza deriva de nuestro éxito en este campo. El lenguaje que utilizamos en ciertos casos también es diferente del que usan otros autores. En el tema de la estrategia, por ejemplo, usamos el término "Factores Críticos de Éxito" para referirnos a indicadores de desempeño individual. Esta terminología se utilizó inicialmente en *Administración en una página* y se mantiene en el libro siguiente. En el tema de indicadores de desempeño, otros autores han estimado necesario asignar etiquetas a diferentes tipos de indicadores para asegurar que se presenten los comportamientos adecuados dentro de la organización. Nosotros hemos abordado esta cuestión de un modo diferente.

Nuestro objetivo global es incrementar y simplificar las metodologías de estrategia y responsabilidad que se describen en los libros de administración, asegurar una ejecución excelente a través de un nuevo modelo gerencial y facilitar la transformación de la cultura empresarial en las organizaciones. La nuestra, es una alternativa a los enfoques complicados que hemos encontrado en la bibliografía existente en este campo.

Esperamos que disfruten de la lectura de *Logrando la alineación total* y descubran su potencial para conducir a su organización a un nivel completamente nuevo de eficiencia.

RIAZ Y LINDA KHADEM

Elogios para
Administración en una página

Administración en una página *convierte un sistema de información de alta tecnología, en una estrategia de alto impacto; lo recomiendo sin ninguna reserva.*
Ken Blanchard
Coautor de Gerente/Empresario en un Minuto ®
y Emprendedor en un Minuto ®

Un hito en el campo de la información. Podría tener un efecto profundo en la forma en que renovamos nuestra corporación.
W.M. Self, Presidente
Greenwood Mills, Inc.

Administración en una página *ha revolucionado las comunicaciones entre los equipos y entre las personas de nuestra empresa, tanto de forma horizontal como vertical.*
José Antonio Fernández, CEO
Grupo FEMSA, México

Administración en una página *ofrece la mayor facilidad de lectura, combinada con una elevada valía de cualquiera de los libros que he leído.*
Alan McMillan, Vicepresidente Ejecutivo
CooperVision, Inc.

Hemos implementado Administración en una página *y no hay duda de que ha sobrepasado nuestras expectativas. Durante el año pasado, nuestros ingresos operacionales en términos reales aumentaron en un 54%, el negocio mejoró sus competencias y se posicionó para alcanzar incluso mejores resultados este año.*
Julián Serrano Gutiérrez, CEO
Tiendas OXXO, México

Simple, claro y útil: Administración en una página *cumple lo que promete y mucho más.*
J.A. Lavergood, Presidente
Comité Científico Atlanta

Estoy impresionado con el agudo énfasis que hace Administración en una página *en la responsabilidad individual. En conjunto, estas iniciativas nos han ayudado a aumentar nuestros ingresos netos en un 26%. Es simple y poderoso.*
Alfredo Martínez Urdal, CEO
Coca-Cola FEMSA, México

Las personas deben ser consideradas como el principal activo de una compañía y Administración en una página *muestra cómo tratarlas de esa manera.*
Robert P. Guyton, Presidente & CEO
Bank South Corporation

Administración en una página *señala uno de los aspectos más críticos de la gerencia: ¿cómo determinar rápida y acertadamente lo que está ocurriendo en realidad?*
John P. Singleton, Presidente
Security Pacific Automation Co.

Administración en una página *es un verdadero sistema gerencial de información que funcionará en todos los segmentos de nuestro negocio.*
Alan T. Barnardo, Vicepresidente Ejecutivo
Santa Fe Drilling Company

Estaba tan emocionado con el libro Administración en una página *que me pasé la mayor parte de las vacaciones leyéndolo, y lo hice hasta tres veces. Ahora, hemos implementado el sistema con nuestra fuerza de ventas y ya ha hecho una notable diferencia.*
Dennis Scholl, Presidente
Signal Capital Corporation

Administración en una página *elimina el misterio de la gestión. Nos muestra cómo la información puede ser la luz que guía al administrador.*
R.J. Rutland, Presidente
The Motor Convoy, Inc.

Administración en una página *era lo que habíamos estado esperando en nuestra industria.*
Robert M. Anderson, Presidente
Anderson & Anderson Insurance Brokers, Inc.

Es fantástico. Lo convertiré en lectura obligatoria para todo mi personal. Esta historia es real y es un ejemplo típico de lo que ocurre al interior de nuestras compañías. Uno logra involucrarse tanto con la historia, que a duras penas nos damos cuenta de que estamos aprendiendo en el transcurso de ella.
Bob Bishop, Presidente
United Technologies
Essex Group, MWI Division

Por mucho tiempo hemos generado información.
Administración en una página *muestra cómo comenzar a usar esa información.*
Buddy Roberts, Vicepresidente Ejecutivo
Greenwood Mills, Inc.

Una economía para el reporteo, respaldada por un concepto claro acerca de lo que es importante y útil en cualquiera de los niveles de la administración. Puede ser implementado tanto por alguien con Maestría en Administración de Harvard como por una persona que solo cuenta con un diploma de secundaria.
Richard Weitzel, Vicepresidente
Pagemart Wireless Dallas, Texas

Llegué a la conclusión de que toda la teoría, las ideas y las técnicas descritas en Administración en una página *pueden ser muy útiles a la hora de mantenerse enfocado en una organización compleja que requiere de velocidad e innovación para alcanzar el éxito.*
Tom Muccio, Vicepresidente
Procter & Gamble Co.

En el mundo actual, los líderes pueden verse literalmente ahogados en un mar de datos. Administración en una página *proporciona una herramienta para extraer la información relevante entre todos esos datos de forma que se pueden tomar decisiones empresariales razonadas. He estado utilizando este libro durante una década para ayudar a las personas a encontrar la diferencia entre datos e información.*
Glen Moore, Director Ejecutivo
Spectran

Administración en una página *es clave para armar todo el rompecabezas. Proporciona los datos que permiten orientar el crecimiento explosivo gracias a* El Objetivo, El administrador en un minuto, Prosperando en el caos *y las enseñanzas de gran calidad proporcionadas por Deming y Crosby.*
Samuel Cramer, Presidente
Aluminum Ladder Co.

Administración en una página *evita que usted quede sepultado por la avalancha de datos y se mantenga enfocado en el juego.*
Brady Justice, Jr., Presidente
Basic American Metal, Inc.

Sigo pensando que tanto la antigua versión como la nueva versión de Administración en una página *son excepcionales. Los principios y conceptos allí reunidos nunca caducan.*
Gary Stack, Presidente y Director Ejecutivo
Orlando Regional Healthcare